POP 广告设计

王若鸿 ◇ 著

北京工业大学出版社

图书在版编目（CIP）数据

POP 广告设计 / 王若鸿著． — 北京 ：北京工业大学出版社，2022.1

ISBN 978-7-5639-8270-7

Ⅰ．①P… Ⅱ．①王… Ⅲ．①广告设计 Ⅳ．① F713.81

中国版本图书馆 CIP 数据核字（2022）第 026798 号

POP 广告设计
POP GUANGGAO SHEJI

著　　者：	王若鸿
责任编辑：	吴秋明
封面设计：	知更壹点
出版发行：	北京工业大学出版社
	（北京市朝阳区平乐园 100 号　邮编：100124）
	010-67391722（传真）　　bgdcbs@sina.com
经销单位：	全国各地新华书店
承印单位：	唐山市铭诚印刷有限公司
开　　本：	710 毫米 ×1000 毫米　1/16
印　　张：	12.5
字　　数：	250 千字
版　　次：	2023 年 4 月第 1 版
印　　次：	2023 年 4 月第 1 次印刷
标准书号：	ISBN 978-7-5639-8270-7
定　　价：	68.00 元

版权所有　　翻印必究

（如发现印装质量问题，请寄本社发行部调换 010-67391106）

作者简介

王若鸿，副教授，现任西安工业大学中国书法学院党总支书记、副院长，陕西省美术家协会设计艺术专业委员会副主任。多年来一直从事高等艺术设计教育教学与管理工作，主要研究方向为视觉传达设计。

Preface 前言

POP 广告是继广播、电视、报纸、杂志等媒体广告之后兴起的一种新型广告形式。POP 广告意为"购买点"广告，它是诸多广告中的一种，是在平面设计基础上，在二维或三维空间进行展示的广告，是在常规广告形式的基础上发展起来的一种新型的商业广告形式。与常规远离销售市场的广告相比，POP 广告的特点主要体现在：广告展示或陈列在销售现场，注重即时效果和行为效果。20 世纪三四十年代，美国的自助商店、超级市场等的店头广告一出现，很快便受到人们的关注与欢迎。1939 年美国 POP 广告协会正式成立，随后 POP 广告在市场上获得了正式的地位。20 世纪 60 年代，POP 广告伴随自助型销售市场遍及世界。许多国家已把 POP 广告看成仅次于报纸、杂志、电视、广播的第五大媒体，工商界也把它作为促销活动的重要手段之一。POP 广告以各种艺术形式为媒介，将商品信息在销售现场传递给消费者。随着大型商场的兴起与发展，POP 广告这种以促销为根本目的的广告形式在各种商业场所得到普遍应用，并起到不容忽视的商业作用。它不仅缩短了商品与消费者之间的距离，在商品的促销方面也起到积极的作用，而且起到规范和美化商业环境、营造销售氛围的作用。

POP 广告的形式是多种多样的，既有静态的也有动态的；既有平面的也有立体的。有的精小到可以藏在手中，有的恢宏至铺满整个墙壁，有台式的也有悬空的。所用材料既可以是纸张、塑料，也可以是木材、金属、纺织品；表现手法既可以是手绘的，也可以是摄影的、装饰的；同时可以使用印刷、光电等技术手段。总之，POP 广告与其他广告媒体相比，更具灵活多变性。

鉴于此，笔者结合多年的教学与实践经验，撰写了本书。本书首先对 POP 广

告进行了综合论述，其次阐述了POP广告的计划与制作，随后论述了POP广告设计的创意、POP广告的色彩应用、POP广告设计整合与营销、手绘POP广告制作，最后诠释了立体形态POP广告的制作。

在撰写本书的过程中，笔者借鉴了许多前人的研究成果，董影影、李家琪、樊冰心同学在资料搜集与整理中付出了艰辛的劳动，在此一并表示感谢。由于笔者水平有限，书中难免存在不足之处，恳请广大读者斧正。

Contents 目录

第一章 POP 广告概述 / 001

第一节 POP 广告的起源与发展 / 001
第二节 POP 广告与设计 / 003
第三节 POP 广告的功能与分类 / 009
第四节 POP 广告设计的构成要素 / 019

第二章 POP 广告的计划与制作 / 030

第一节 制订 POP 广告设计计划 / 030
第二节 POP 广告设计形态及表现 / 047
第三节 POP 广告设计制作程序 / 064

第三章 POP 广告设计的创意 / 080

第一节 POP 广告设计的创意目标及方法 / 080
第二节 POP 广告设计的创意规律 / 086
第三节 POP 广告设计的创意途径 / 088
第四节 POP 广告设计的创意思维方式 / 090

第四章 POP 广告的色彩应用 / 093

第一节 色彩的基本概念 / 093
第二节 POP 广告色彩的配色分类及原则 / 099
第三节 POP 广告色彩的具体应用 / 107

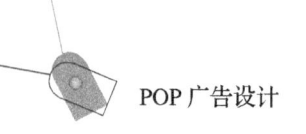

第五章　POP广告设计整合与营销

第一节　整合营销的POP广告策略　/　125

第二节　POP广告与展示设计的整合　/　127

第三节　POP广告与商品营销　/　131

第四节　POP广告与视觉构成　/　138

第五节　POP广告与海报的整合运用　/　140

第六节　POP广告与包装设计的整合运用　/　145

第六章　手绘POP广告制作

第一节　手绘POP广告的特征及应用素材　/　147

第二节　手绘POP广告的版面编排　/　154

第三节　手绘POP广告的插画制作　/　157

第四节　手绘POP广告海报制作及分类　/　166

第七章　立体形态POP广告的制作

第一节　立体形态POP广告的分类及造型要素　/　172

第二节　常见的立体形态POP广告功能及设计要点　/　176

第三节　立体形态POP广告的材料与制作　/　186

参考文献　/　191

第一章
POP 广告概述

第一节　POP 广告的起源与发展

一、POP 广告的起源

第一次世界大战以后，世界资本主义经济经历了 20 世纪 20 年代相对稳定的发展时期，但随着各国进行大规模的固定资本更新以及开展"产业合理化"运动，生产迅速扩大，而劳动人民有支付能力的需求却在相对缩小，这一对资本主义社会的基本矛盾日益尖锐。从 1929 年起，实行资本主义制度的国家陷入历史上最深刻、最持久的一次经济危机。危机首先在经济实力最强的资本主义国家——美国爆发，然后迅速波及所有资本主义国家。这次经济危机一方面使各国工业生产急剧下降，国际贸易严重萎缩，对美国零售行业产生了沉重的打击；另一方面经济的不断衰退，市场的日益萎靡，使得买方与卖方之间的关系发生了改变，消费者逐渐成为"上帝"。商家为了赢得客户，想尽一切办法招揽消费者，推出了一种全新的、亲切的、轻松的零售业模式——超级市场。

超级市场产生于 1930 年的美国纽约，被称为零售业的第三次革命。1930 年 8 月美国人迈克尔·库仑（Michael Cullen）在美国纽约开设了第一家超级市场——金库仑联合商店。它首创了自助式销售方式，采取一次性集中结算。20 世纪 30 年代

中期以后，超级市场这种零售组织形式由美国逐渐传到了日本和欧洲。在我国，超级市场被引入是在1978年，当时称其为自选商场。

这种以自助购物为特征的销售模式，在给消费者带来全新体验的同时，也带来一个问题，就是在狭窄的销售空间内，商家无法安排过多的售货员向顾客做直接且充分的商品信息宣传，这一环节只能借助店头和店内的各类广告来进行，于是具有亲和力的POP广告应运而生了。

在狭窄的货架及柜台空间，在顾客浏览商品或犹豫不决的时候，POP广告恰当地展示了商品的内容、特征、优点、实惠性，甚至价格、产地、等级等相关销售信息。超级市场使商品直接和顾客见面，加速了商品流通的速度，促进了商品经济的繁荣；POP广告则替代了部分销售人员，承担了商品特征及其使用方法的说明等工作，节约了商场空间，节省了人力，减少了支出，降低了销售成本。

POP广告只是一个称谓，但就其形式来看，在我国古代，酒店外面挂的酒葫芦、酒旗，饭店外面挂的幌子，客栈外面悬挂的幡帜，或者药店门口挂的药葫芦、膏药等，以及逢年过节和遇有喜庆之事要张灯结彩等，都可谓POP广告的鼻祖。

随着经济的发展和消费者生活水平的提高，自助购物模式得到了更多顾客的认可，超级市场逐渐成为零售业的主要模式，POP广告也成为商场促销宣传的主要形式，为商家、企业提供了最佳的成功销售方式。POP广告的不可替代性日趋显著，它的魅力与重要性逐渐在商界得以显现。1939年，美国POP广告协会正式成立，自此POP广告获得正式的地位。

二、现代POP广告的发展

现代POP广告起源于美国超级市场和自助商店里的店头广告。20世纪30年代，在西方经济大萧条和零售业经营方式大改变的背景下，POP广告在超级市场、连锁店等自助式商场或商店频繁出现，其方便快捷、直截了当的广告形式带来了显著的促销效果，于是逐渐为商界所重视。20世纪60年代以后，超级市场的自助式销售方式由美国逐渐扩展到世界各地，其舒适的购物氛围得到了广大消费者的喜爱，POP广告也随之从美国走向世界，并在日本、中国香港、中国台湾等亚洲国家和地区蓬勃发展起来。20世纪80年代以后，随着商品经济与文化交流的发展，POP广告传入我国大陆，其作为消费者和商品之间的纽带逐步被商家、消费者认可和接受。

当然，从国际的大环境来看，国内POP广告的发展与国外还有一定的差距，特别是与日本及欧美的一些经济发达国家相比。但是随着中国特色社会主义进入新时代，我国广告业获得了前所未有的快速发展，大量新媒体相继涌现，广告创意的艺术性不断提高，POP广告进入了一个全新的发展阶段，现已成为我国城乡商业场所、零售商店内外随处可见的广告形式。

新科技的飞速发展使新技术、新工艺、新材料日新月异，POP广告也不断与声、光、电、激光、计算机、自动控制等技术相结合，新的POP广告形式层出不穷。电视机、录像机、玻璃屏幕投影电视、印刷油墨、纸张、复印和彩色印刷技术等方面的重大改进，各种杂志、报纸的大量增加，以及电子广告、霓虹广告、路牌广告、街车广告、售点广告、邮递广告及书刊广告的大量涌现，都使现代POP广告业突飞猛进地发展。

第二节　POP广告与设计

一、认识POP广告

POP广告是继电视、广播、报纸、杂志等广告媒体之后应运而生的一种新型广告形式，很多人已把POP广告称为"第五大广告媒体"。

（一）POP广告的定义

POP是英文"Point of Purchase"的缩写，意为"购买点"。POP广告的另一个同义语是POS广告，即"Point of Selling"广告，意为"销售点广告"，两者指的是同一事件，只是观察的角度不同。从销售者的立场来看是POS广告，从购买者的立场来看则是POP广告。现在POS广告已经几乎无人使用，基本为POP广告所取代。

无论是购买点还是销售点，这里的"点"都具有双重含义，即时间概念上的点和空间概念上的点。因此，POP广告具体就是指在购买时和购买地出现的广告。具体来讲，POP广告是指在有效的时间和有利的空间位置上，宣传商品、吸引顾客，引导顾客了解商品内容，从而引导顾客产生参与动机和购买欲望的商业广告。

POP广告的概念有广义和狭义两种。广义的POP广告，是指凡在商业空间、购买场所、零售商店的内外部以及在商品陈设的地方所设置的广告物，都属于POP广告。如商店的牌匾、店面的装潢和橱窗、店外悬挂的充气广告、条幅、店

内部的装饰、陈设，店内发放的广告刊物，进行的广告表演，以及广播、录像、电子广告牌等。狭义的POP广告，仅指在购买场所或者零售店内部设置的展销专柜，以及在商品周围悬挂、摆放与陈设的可以促进商品销售的广告媒体。

POP广告作为整合多种设计元素的传播媒介，将商品信息在销售现场直接传递给消费者，消费者直观地了解商品，带来直接的经济效益，因此越来越多的商家把它作为商品促销的重要手段之一。随着商业经济的发展，POP广告因其快速直接、形式多样、色彩缤纷、形象生动的视觉语言而备受广大消费者和商家的关注与青睐，作为一种有效的竞争手段，其已是时下最为流行的视觉营销广告之一。在各类商业场所，这种以促销为直接目的的广告形式得到广泛应用，并起到不容忽视的商业作用。

（二）POP广告的功效

国外众多学者对消费者的购买行为做过各种各样的研究，得出基本一致的结论：顾客在销售现场的购买中，约2/3属非事先计划的随机购买，约1/3为计划性购买。而有效的POP广告，能激发顾客的随机购买（或称冲动购买），也能有效地促使有计划性购买的顾客果断决策，实现即时即地的购买。无论哪种购买形态，有效的POP广告都要经过以下三个功效层次的递进，完成促销功能的实现。

1. 诱客进店

零售店的销售与其顾客流量成正比。POP广告促销的第一步就是要引人入店。

一方面，应利用店面POP广告极力展示商店的自我特色和经营个性。首先，应明确告知顾客商店的经营特征，如我国古代店铺门口垂于竿头的幌子、婚纱照相馆门楣上方悬挂的"花轿"、麦当劳快餐店门口的"M"标志等。其次，应利用店面POP广告海报及时告知顾客商店的个性化服务，如24 h营业、价格更优、短缺商品的供给等。最后，商店名称也应讲究创意个性，如某服装店起名"被遗忘的女人"，令众多女性推门而入，选购漂亮时装，以免被人遗忘。

另一方面，通过营造浓烈的购物氛围，引人进店。全方位POP广告的整体组合，加上清新怡人的店内空气、轻柔舒缓的背景音乐和冬暖夏凉的适宜温度，势必能增加顾客流量。特别是在节日来临之际，具有针对性且富创意性的POP广告更能渲染特定节日的购物气氛，促进关联商品的销售。

2. 驻足商品

POP广告必须紧紧抓住顾客的兴趣点，才能使商品产生使顾客驻足详看的力量。

别出心裁、引人注目的POP广告展示能诱发顾客的兴趣。如某化妆品的POP广告展示架设计成两翼状排列，上方竖板上青春靓丽的少女头像，充分体现出现代女性的美感和化妆品的独特功效，令人驻足流连。

另外，现场操作、试用样品、免费品尝（食品）等店内活广告形式，也能极大地调动顾客的兴趣，诱发购买动机。

3. 最终购买

激发顾客最终购买是POP广告的核心功效。为此，必须抓住顾客的关心点和兴奋点。

顾客购物时产生犹豫心理的原因是，他们对所需商品尚存有疑虑，有效的POP广告应针对顾客的关心点进行解答。商品价格是顾客的一大关心点，所以价目卡应置于醒目位置；商品说明书、精美商品传单等资料应置于取阅方便的POP广告展示架上；对于新产品，最好采用直接推荐的广告形式，说明解释，诱导购买。研究表明，在专售某商品的"特卖场"中，若有POP广告或销售人员的直接推荐，则可产生10倍的销售力量。

另外，设计富有震撼力的POP广告可诱发顾客的兴奋点，促成冲动购买。例如，某牛仔服装的一款壁面POP广告，画面是一对身着牛仔的潇洒男女在欢乐地嬉戏——体魄强健的男子反背起妩媚动人的女友，广告语"别让人偷走您的梦"。许多年轻情侣在此驻足观望，被温馨欢愉的气氛深深陶醉，最终毫不犹豫地掏钱购买。

总之，有效的POP广告应具有上述的功效，并且时刻都在向经过的顾客召唤："就在这里！就是现在！快买吧！"

（三）POP广告是大众传播广告的延续和终结

商家通过大众传媒发布广告，使消费者对其商品品牌形象产生一定程度的认知。当顾客走进零售店时，大众传媒向其传递的商品的具体信息有时感觉模糊，有时甚至全然忘却，但会朦胧地映现出这些商品的品牌形象。此时，有效的POP广告在顾客"品牌模糊"认知的基础上，通过商品信息的再次展现或单纯的品牌提示，诱发顾客的品牌回忆，顾客使之与真实的商品形象联结，促成最终购买，从而进入整个广告活动的终端。

从广告作用人的心理模式看，大众传媒的商品广告主要是引发消费者注意、提起兴趣或激发购买欲望，而一般不会直接导致购买行为的发生。很难想象一位消费者在看了某商品的广告后，径直去商店把它买下来。而销售现场的POP广告，则在此基础上，进一步刺激顾客的购买欲望，吸引他们直面关注商品，提升兴趣，

强化购买欲望，并促使顾客产生相关回忆，产生心理确认，最终实现真正的购买行动。当然，还存在一种情况，有些顾客从未在大众传媒上接收某商品的广告信息，但在零售现场受极富冲击力的 POP 广告的影响下，马上从注意、兴趣、欲望提升到行动，实现纯粹型冲动购买。

作为一项完整的广告活动，大众传媒广告和 POP 广告顺延递进，两环相扣。大众传媒广告向消费者传达购买商品的"理由"，使之产生认同的心理导向，而 POP 广告则以此为支撑点，提供给顾客购买的"激励"，产生实际的行动导向。

总而言之，POP 广告所扮演的角色就是将大众传媒广告所累积的效果，浓缩在销售现场，做最直接、最关键也是最终的展示和促销。

二、广告与设计

为了深入地学习、掌握、理解和应用 POP 广告，我们首先应该对广告与设计这两个概念做一些初步的认识和了解。

（一）广告

"广告"一词来源于拉丁语"Advertere"，后演变为英语"Advertising"。前者意为"唤起大众对某种事物的注意，并诱导大众于一定的方向使用的一种手段"。后者演义为"引起别人的注意，通知别人某件事"。"广告"一词的广泛使用始于 17 世纪末、18 世纪初的英国，它是伴随英国当时的大规模商业活动而流行于世界的。

约在 20 世纪 20 年代，"广告"一词才在中国出现，此前，我国辞书未见其词条。然而，汉语中的"广告"二字，可以简单解释为"广而告之"，这与拉丁语的原意非常近似。广，博也，泛也；告，示也，知也。连起来说，就是"广博的告示"或"广泛的告知"。字面的解释虽不能给广告下一个准确的定义，然而透过其本质，多少可以揭示出广告的某些特征和属性。归纳起来，可以从两方面进行探讨。

其一，就"广"来说，广告具有广泛性。即广告内容、广告形式、广告媒体和广告受众四个层面都具有广泛性。

其二，就"告"来说，广告具有告知性。告者，诉也。广告就是要告诉人们知其所要传达的信息。因此，它具有宣传性、功利性、展示性和艺术性四大特征。

POP 广告作为广告的一个分支，或说一个"新枝"，其基本特征当与上述广告的特征一脉相通。

（二）设计

"设计"在古汉语中是找不到这个合成词的。如今专业上使用的"设计"一词，是由日本人从英文"Design"翻译而来的，所指的是有计划的造型活动。诸如建筑设计、园林设计、时装设计、工业设计，以及本门课程所研究的广告设计等。

设计既然是一种有计划的造型活动，那么就意味着它包含了诸多的要素、构件、理念和行为。从大的方面来说，设计是一个系统工程，是一门学问。实践中的设计是工程，理论中的设计是学问。POP广告设计将从理论和实践两方面相结合的角度，对设计进行研究和探讨，学习的重点将集中在下列议题中：设计的原理与基础；设计的创意与造型；设计的技法与制作。

三、POP广告设计的基本原则

POP广告包括商品促销所需要的多方面项目与内容，在应用设计方面涵盖了丰富的造型元素和有关表现形式，不同课题设计在应用功能与表现形式方面又具有很大的差别。因此，应该根据特定商品促销主题统筹整个设计过程，通过有关设计定位去协调各方面的关系，以目标统一原则、元素一致性原则、经济效益原则、整体协调原则、实际应用原则等为依据，处理好各方面的复杂关系，用明确的设计目标、突出的表现形式、良好的实际应用功能以及经济的合理性，赢得良好的整体设计效果。

（一）目标统一原则

这是指根据项目设计需要和市场调查与分析，确定POP广告设计所应达到的整体目标，按照目标统一的原则协调好项目与内容设计之间的关系，以明确的商品促销主题处理好变化与整体统一之间的关系。项目设计包括各个方面的实际应用内容，每一项内容都具有不同的使用功能与价值，而且在基本表现形式方面更具有明显的差异。所以，在项目设计时必须将目标统一贯穿于整体设计的始终，运用统一的设计主题和表现语言去统领各项具体内容，保持主要视觉内容、主体形象、广告诉求的一致性，以协调统一的表现形式与风格，进一步达到POP广告项目设计事先确定的整体目标。

（二）元素一致性原则

这是指项目设计中包括的各项内容所需的基本元素具有一致性的原则。整体POP广告项目设计包括各式各样的实际内容与应用功能，也包含着多方面的设计元素，如主要字体、主要图形、色彩与色调、应用材料、表现方法与技巧等。事

先应根据整体设计的定位和表现形式与风格的需要,具体确定整体设计所需的基本元素,并将其恰当地运用于项目与内容设计中,从而保持基本元素和表现形式的统一,确保信息传递和诉求目标的一致性。并且要依照系统化设计观念与方法运用基本元素进行设计,同时还要与以往设计规范和其他广告媒体风格保持一定的延续性,这样才能进一步取得POP广告项目设计的整体效果和给予消费者充分的宣传。

(三) 经济效益原则

这是指在POP广告项目设计过程中必须遵循经济、节省的原则。体现经济效益是整体设计的重要组成部分,运用功能与经济关系的合理性思考是整体设计的重要内容,也是体现设计优劣的重要标志之一。因此,应该重视经济在POP广告设计中的作用与价值,以科学的设计观念为指导,不仅要考虑整体设计中的技术与艺术关系、科学合理使用材料和制作工艺、艺术表现形式与应用功能的和谐关系等,更要能够以良好的经济效果,充分体现设计价值和实际应用价值,才有助于增强整体设计水平的竞争力和进一步体现出POP广告设计的经济效益。

(四) 整体协调原则

这是指整体项目与内容设计在表现形式和风格方面的统一与协调,其中涵盖着两个层面的内容,即设计的各个实际内容间的协调、设计表现出的整体与局部间的协调。由于POP广告中每一项内容的使用功能不同,与其相适应的表现形式也具有各自的侧重面。若要保持整体设计的协调性,就应该遵循设计元素的一致性,即依照特定的构图基本规律,根据项目内容所需适当调整有关设计元素和构图形式,以保持不同内容设计之间的联系和整体协调性。整体与局部的协调主要是指细节处理,要依照整体设计风格使字体间距与行距、形态的大小与位置、应用材料质感与结构的处理以及各种处理技巧等融入整体表现形式与整体风格之中,以统一协调性保障整体设计的完整性。

(五) 实际应用原则

这是指根据POP广告特性和必须遵循实际应用的设计原则,包含每一项内容设置上的实际应用功能和销售环境上的实际应用功能两个层面。应根据项目功能需要确定具体内容与表现形式,并且进一步强化不同的使用功能,注意具体内容与使用功能的整体统一。同时,基本使用功能和表现形式及其与应用商业环境的密切联系,也是设计中必须考虑的重要因素,将项目内容与表现形式创造性地融入环境之中,才能够更好地打造POP广告各项内容的功能和实现其实际应用价值。

四、POP广告由价格主导向形象主导移位

POP广告的终极目标是把商品卖出去，所以常见的POP广告海报大多以减价、折让、优惠销售等为主要诉求内容，借价格差价吸引顾客购买。众多商场开展的有奖销售、打折促销、免费赠送等活动就是明证，活动现场大量的POP广告，吸引了众多购买者。

以价格这一敏感的市场因子为主导的POP广告，能在一段时期内产生"激励"，但时间一久，则会由于过度刺激，引发消费者的心理疲惫，销售自然疲软。

现在，越来越多的零售店主认为，价格不再是决定消费者去何处购物的主要因素，顾客在零售店购买的不仅仅是商品本身，还有满足他们心理需求的零售形象。而零售形象一旦在顾客心目中确立，将成为一笔稳定的无形资产，其会为零售店带来长期销售利润，而且作为一种温和且隐蔽的竞争手段，不易引起同行竞争者之间的矛盾，不知不觉中夺走市场份额。这样，POP广告的领域已从单纯的商品，扩展到整个零售店的形象。

在西方发达国家，对零售业而言，价格促销战略统治广告的时代已经结束，取而代之的是，出现了许多公开的POP形象广告。如英国某零售店以"看看我们的现在"的广告口号，宣告了与单纯价格促销战略的决裂。在今天的中国商业社会，越来越多的零售店也开始放弃将价格作为POP广告主题的做法，转而像厂商推销商品品牌那样，开始推销自己的零售形象，实施从注重"短期激励"的价格主导向注重"长期投资"的形象主导的移位。北京西单商场的"把一片爱心、耐心、热心、诚心奉献您"和郑州亚细亚商场的"中原之行哪里去，请到郑州亚细亚"等形象POP广告，就生动地反映了这一变化。

第三节　POP广告的功能与分类

一、POP广告的功能

（一）POP广告是促销战略的中枢

高度成长的行销活动是以大量生产、大量销售为特色的，起初POP广告只是卖场中的传达工具，而如今在竞争激烈的市场中，POP广告不仅是传达信息的工具，更肩负着诱导购买的重大责任。

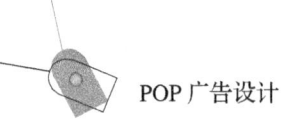

POP 广告是促销活动展开的要素之一，而促销又是广告计划中的一部分。POP 广告虽然并不具有其他媒体（如电台、电视、报纸）般的实体，但是最能适应环境变化的一种促销媒体，其速度快、变化多，可以说是销售点中最具弹性的优秀"推销员"。这种环境下的 POP 广告，不再只是传达活动或是作为店面的装饰品，将其为促销活动的重要要素是必然的趋势。

POP 广告以醒目的色彩搭配、活泼的版式布局、易认易读的美术字体、滑稽的图画、幽默的插画来向消费者宣传产品特色。有效的 POP 广告，能激发顾客的随机购买（或称冲动购买）欲望，也能有效地促使计划性购买的顾客果断决策，实现即时即地的购买。POP 广告对消费者、零售商、厂家都有重要的促销作用。

在超级市场卖场促销中，必须提高商品陈列的视觉效果。但仅仅通过陈列来提高是不够的，POP 广告具有强烈的视觉传达效果，可直接刺激消费者的购买欲望，这就是 POP 广告促销的意义。

（二）POP 广告的对象功能

POP 广告的功能，简单地说，即让店面商品和消费者之间有互动关系。为了充分增加 POP 广告的功能，从商品生产经铺货途径到零售店，再到零售店内刺激消费者产生购买行为，在这一连串过程中，POP 广告扮演着具有传播效果的角色。

POP 广告对于消费者、零售商、厂商来说都是重要的促销工具，它与电视广告、电台广告、报纸广告一样，都有其特定的诉求目标，也都具有增强广告对象宣传推广效力的基本功能。当然，POP 广告由于其不同于其他广告形式的特点，自然也就有和其他媒体不一样的市场功能。如果此功能无法充分达到诉求目标，商品和消费者之间的互动联系便不能相互共进而达到事半功倍的效果。下面就 POP 广告对消费者、零售店、厂商三者的功能和互动联系予以说明。

1. 对消费者的功能

（1）传达商品信息的功能

广告最基本的功能就是向消费者传达商品的信息，帮助消费者选择合乎自我需求的商品，这也是 POP 广告的首要功能。POP 广告通过标示商品的品牌、品名、内容、特性、价格、使用方法及促销形式等信息，并在卖场的货架、墙壁、天花板、楼梯等处，通过造型、色彩、尺度等要素予以凸显，由远处即可观之，及时传达商品信息，帮助消费者做出自己的选择，进而达到促进销售的目的。

（2）新产品告知的功能

即告知新产品的发售时间与商品内容。几乎大部分的 POP 广告，都属于新产品

的告知广告。当新产品出售之时，配合其他大众宣传媒体，在销售场所使用POP广告进行促销活动，可以吸引消费者眼球，刺激其购买欲望，快速提高对商品的认知。

（3）唤起消费者潜在购买意识的功能

在实际购买过程中，有2/3的人是临时做出购买决策的，所以说，卖场的销量与其顾客流量成正比。在顾客进入卖场之前，尽管各厂商已经利用各种大众传播媒体，对本企业或本产品进行了广泛宣传，但是有时当消费者步入商店时，可能已经将之前大众传播媒体的广告内容遗忘。此刻，利用POP广告新颖的图案、绚丽的色彩和独特的构思等形式，进行别出心裁、引人注目的现场展示，引起消费者对商品的注意，唤起潜在意识，使其驻足停留，重新忆起商品的信息并引发购买兴趣，为促成购买行动做好铺垫。

（4）引起消费者产生购买动机的功能

零售企业可充分利用时间与空间的巧妙安排，调整消费者的情绪，将潜在的购买意识转化成即时的购买动机。另外，现场操作、试用样品、免费品尝等店内活广告形式，也能极大地调动顾客的兴趣，诱发购买动机。

（5）促使最终购买、消费，达成交易的能力

激发顾客最终购买是POP广告的核心功效，为此，商家必须抓住顾客的关心点和兴奋点。POP广告能巧妙利用销售时间与空间，达成即时的购买行为。据国外有关报道：自20世纪80年代末90年代初以来，对某一商店持有忠诚感的消费者人数大大减少，而受POP广告宣传影响而冲动购买的人数却在不断增加。事实上，前面的诱导工作是促使顾客最终购买的基础，顾客的购买决定是经过了一个过程的，只要做足了过程中的促进工作，结果也就自然产生了。

2．对零售店的功能

（1）创造销售气氛的功能

利用POP广告强烈的色彩、美丽的图案、突出的造型、准确而生动的广告语言，可以创造强烈的销售气氛，吸引消费者的目光，促成其购买冲动。随着消费者收入水平的提高，其购买行为的随意性增强，消费需求的层次也在不断提高。消费者在购买过程中，不仅要求能购买到称心如意的商品，同时也要求有舒适的购物环境。POP广告既能为购物现场的消费者介绍商品、提供信息，又能美化环境、营造购物气氛，在满足消费者精神需要、刺激其实现购买行动方面有独特的功效，是当今创造店内购物气氛最为有效的广告宣传方式。

（2）配合季节、节假日进行促销

POP广告是配合节假日促销的一种重要手段，为节假日销售旺季起到了推波

助澜的作用。在各种传统和现代节日中，POP广告都能营造出一种欢乐的气氛。例如，春节期间，许多大型商业中心的门前门后的广场上，常常可以见到数千个红灯笼迎风飘扬，衬托出欢乐的节日氛围，这些装饰会使消费者为之一振，并自然地走进商场去逛一逛，顺便买点东西。

（3）取代售货员的功能

即代替店员说明商品使用方法与特征。POP广告经常在的环境是超市，而超市是自选购买场所，摆放在商品周围的POP广告，忠实地、不断地向消费者提供商品信息，可以起到吸引消费者并促成其购买决心的作用。商店内的各种POP广告都传达着广告商品的信息，刻画着商品的个性。它们不会轻易"擅离职守"，因此，被誉为"无声的推销员"和"最忠诚的推销员"。

（4）降低了服务业的营销、广告宣传成本

POP广告具有很高的广告价值，而且其成本不高，它起源于超级市场，但同样适合一些非超级市场的普通商场，甚至一些小型的商店等一切商品销售的场所。据美国学者对POP广告成本的统计，POP广告的相对成本是最低的，在今天这个商业营销成本不断攀升的时代，POP广告由于其可以取代部分推销员的特殊功能，在一定程度上也降低了服务业的营销成本，成为"不拿薪水的促销员"。

3. 对厂商的功能

（1）促进超级市场与供应商之间的互惠互利

通过POP广告进行的促销活动，可以扩大超级市场及其经营商品的供应商的知名度，增强其影响力，从而促进超级市场与供应商之间的互惠互利。

（2）提高商品形象和企业形象知名度

塑造和提升良好的企业形象，并与顾客保持良好的关系，是POP广告对企业、厂商的最重要的功能。POP广告是企业视觉识别中的一项重要内容。零售企业可将商店的标志、标准字、企业形象图案、宣传标语、口号等制成各种形式的POP广告，以塑造富有特色的企业形象。当消费者一接触到这些标识时，就会明白它代表哪些企业以及这些企业的经营特色。如麦当劳的金黄色"M"字样，已为广大消费者所熟知。

（三）POP广告的服务业功能

1. POP广告是资讯服务业

服务业包括旅馆、饭店、广告业、修理业、娱乐业、保险、医疗、宗教、法务，以及其他非营利性的团体等。

大体而言，现今消费者的价值观已从"物"到"事"。POP广告在现阶段所

扮演的角色是配合消费者的需要，提供立即又可靠的资讯。POP广告所持的基本观念是：完全能够配合未来的消费趋势，而维持此观念的关键字眼就是"服务"。

21世纪是服务业的时代，所有生活层面的消费者都将变成服务业者的工作对象，服务业者必须能够在与生活有关系的环境中找出具有服务价值的素材。

2.POP广告是未来型资讯服务

在当今这个多变的社会中，促销与购买之间的关系，已从说明商品内容的POP广告促销方式，演变成先以POP广告打出良好的商品形象，再来吸引消费者购物的新形式了。能预知消费者的购物趋势，并且适当地打造出具有特色的POP广告，才是符合"未来型资讯服务"的正确做法。

大量运用POP广告的主要服务业有百货业（超级市场）、服饰业、餐饮业、建筑业（房地产）、电器业、汽车业、文化事业等。

（四）POP广告对消费者购买行为的"爱德玛（AIDMA）法则"功能

如何在零售店，使商品与消费者之间达成最好的互动关系，一直是POP广告促销的要点，为了达到此目的，如何吸引消费者完成由店面—店内—商品—购买，这一连串的消费行为过程，就在于POP广告对消费者是否已达到传播的功能。

POP广告也是属于心理学的范围之一，若是更仔细地分类，则可将其归为购买行动心理学，它的起源就是所谓的"AIDMA法则"。"AIDMA法则"是由美国广告人刘易斯提出的具有代表性的消费心理模式，它总结了消费者在购买商品前的心理过程。消费者先是注意商品及其广告，对某种商品感兴趣，并产生出一种需求，再是记忆及采取购买行动。POP广告从构思、企划、制作、使用到管理等各环节，如果都依据该法则，相信都能达到一定的促销效果。

实践证明，POP广告是零售企业开展市场营销活动、赢得竞争优势的利器。POP广告具有很高的经济价值，对于任何经营形式的商业场所，都具有招揽顾客、促销商品的作用。同时，对于企业又起到提高商品形象和企业知名度的作用。

二、POP广告的分类

POP广告的种类繁多，分类方法各异。如果从使用功能上分，POP广告大致可分为室外POP广告和室内POP广告两大类。室外POP广告包括购物场所外的一切广告形式，如条幅、灯箱、招贴、海报、门面装饰、橱窗布置等。室内POP广告包括购物场所内的一切广告形式，如柜台陈列、柜台广告、空中悬挂广告、模特广告等。

POP广告设置的主要目的是刺激消费者的现场消费,因为销售现场的广告有助于唤起消费者对商品的记忆,也有助于营造现场的购买气氛,从而刺激消费者的购买欲望。需要注意的是,利用POP广告进行商品宣传时需要注意店堂周围的环境是否协调,如果周围的环境嘈杂拥挤,反倒会弄巧成拙,得不偿失。

POP广告在实际运用时,可以根据不同的标准对其进行划分。不同类型的POP广告,其功能各有侧重。市面上所能见到的POP广告种类很多,下面从不同的角度介绍其主要的分类形式。

(一)按广告主分类

POP广告按广告主(自行制作责任方或委托法人方)分类通常可分为制造厂商POP广告、超市(量贩店)POP广告及零售店POP广告三种。尽管人们了解POP广告是促销活动的要素之一,但是,制造厂商、超市(量贩店)、零售店三者的促销方式是截然不同的。虽然POP广告的诉求对象大都以一般的消费者为主,但是三者的销售途径各不相同。因此,如何采取适当的促销方式,成为三者关心的问题。制造厂商须先配合批发商的要求,再面对零售店,商品才能流通。零售店如果无法掌握自主性,而随意自选张贴厂商的POP广告,那么整间店面环境即可能被不适合的POP广告破坏。

1. 制造厂商POP广告

所谓制造厂商POP广告,是指制造厂商为了配合促销活动而制作的POP广告,多半为大量制作,如常见的吊旗广告一般就是由制造厂商提供的。因预算充足,所以能依目的不同而制作出美观、高品质的POP广告。不过,因为无法配合每一家零售店的格局,如果零售店漫无目的地张贴POP广告,有时反而会破坏零售店的环境。所以制造厂商最好配合零售店的格局来制作POP广告。另外,也可在POP广告海报上预留部分空间,供零售商书写其他信息。

2. 超市(量贩店)POP广告

即超市(量贩店)等大型商店为了节庆或特卖所制作的POP广告。其通常由卖场或连锁店统一规划、统一制作;制作规模与广告费用都比不上制造厂商所制作的POP广告,但变化却比制造厂商制作的POP广告多。

超市(量贩店)卖场规模不大,所以POP广告制作时可依卖场的空间做适时的调整,做出极有特色的卖点。手绘制作的POP广告常有立体、半立体、平面等形式,色彩丰富、变化大是制造厂商制作的POP广告所不能比拟的。亲切、温馨是其最大的特色。

3. 零售店POP广告

零售店POP广告指的是零售店的店主及店员为了配合商品或卖场自行绘制的POP广告，制作大多依赖手工，种类多而量少，与制造厂商制作的POP广告正好相反，由于制作效率不佳，因此广告业者大多不考虑此种广告形式。

近年，有不少人加入制作零售店POP广告的行列，因其具时效性，所以逐渐地受到零售店的欢迎，如果零售店能在促销费用上加大弹性，不仅能够凸显出其与其他商店的差异，也能促使自己的营业方式别具一格。

在强调"卖方"的时代，单靠商品本身已无法吸引消费者，也就是说，在资讯价值超过商品价值的今天，正是零售店POP广告发挥其效用的时候。

（二）按时间分类

POP广告在使用过程中的时间性及周期性很强。按照不同的使用周期，可把POP广告分为三大类型，即长期POP广告、中期POP广告和短期POP广告。

1. 长期POP广告

长期POP广告是指使用周期在一年以上的POP广告类型。其主要包括门店招牌POP广告、企业形象POP广告、产品形象POP广告。其中门店招牌POP广告一般是由商场经营者来完成的POP广告形式。它所花费的成本比较高，使用周期比较长。而企业形象和产品形象的POP广告，由于一个企业和一个产品的诞生周期一般都超过一个季度，所以对于企业形象及产品形象宣传的POP广告，也必然属于长期的POP广告类型。因为长期POP广告在时间因素上的限制，所以对其设计必须考虑得极其到位，而且其生产成本也相对提高，一般需要几十万到上百万元的投资。

2. 中期POP广告

中期POP广告是指使用周期为一个季度左右的POP广告类型。其主要包括季节性商品的广告、商场以季节性为周期的POP广告等，像服装、空调、电冰箱等因使用时间有限制，以及橱窗要随着商品更换使用周期的限制等，使得这些商品的POP广告的使用周期也必然在一个季度左右，所以属于中期的POP广告。中期POP广告的设计与投资，可以在长期POP广告的档次以下。

3. 短期POP广告

短期POP广告是指使用周期在一个季度以内的POP广告类型。如柜台的POP广告展示卡、展示架，以及商店的大减价、大甩卖招牌等。由于这类广告的存在都是随着商店某类商品的存在而存在的，只要商品一卖完，该商品的广告也就无

存在的价值了。特别是有些商品由于进货数量少以及销售情况好，可能在一周甚至一天或几小时就可售完，所以相应的POP广告的周期也可能极其短暂。对于这类POP广告的投资一般都比较低，设计也相对不太讲究。当然就设计本身而言，仍应在尽可能的情况下，做到符合商品品位。

（三）按材料分类

POP广告所使用的材料多种多样，根据产品档次的不同，可有高档到低档不同材料的使用。就一般常用的材料而言，主要有金属材料、木料、塑料、纺织面料、人工仿皮、真皮和各种纸材等。其中金属材料、真皮等多用于高档商品的POP广告。塑料、纺织面料、人工仿皮等材料多用于中档商品的POP广告。像真丝、纯麻等纺织面料也同样属于高档商品的广告材料。而纸材一般都用于中、低档商品和短期的POP广告。当然纸材也有用于较高档商品的POP广告，而且由于纸材加工方便、成本低，所以在实际的运用中，它是POP广告大范围所使用的材料。

（四）按陈列位置和陈列方式分类

POP广告除使用时间的特殊性外，其另一特点就在于陈列位置和陈列方式上。陈列的位置和方式不同，将对POP广告的设计产生很大的影响。从陈列位置和陈列方式的角度，可以把POP广告分为柜台展示POP广告、壁面POP广告、吊挂POP广告、柜台POP广告和地面立式POP广告五个种类。

按照陈列位置和陈列方式区分不同种类的POP广告，在材料选择、造型、展示等方面将有很大的区别，这对于POP广告设计本身是至关重要的。

1. 柜台展示POP广告

柜台展示POP广告是放在柜台上的小型POP广告。由于广告体与所展示商品的关系不同，柜台展示POP广告又可分为展示卡和展示架两种。

（1）展示卡

展示卡可放在柜台上或商品旁，也可以直接放在稍微大一些的商品上。展示卡的主要功能是标明商品的价格、性能、等级等，同时也可以简单介绍商品的特点、产地、售后服务等相关信息，文字的数量不宜太多，以简洁明晰为好，便于顾客直观、快速地了解商品信息，已达到较好的促销目的。展示卡的制作难度不大，制作成本也不高，是施展创意设计的一个很好的平台。它可以充分发挥设计者的想象力，以制作出更多优秀的展示卡。

（2）展示架

展示架是放在柜台上起说明商品价格、产地、等级等作用的POP广告。它与

展示卡的区别在于：展示架上必须陈列少量的商品，但陈列商品的目的不在于展示商品本身，而在于以商品来直接说明广告的内容，陈列的商品相当于展示卡上的图形要素。一旦把商品看成图片后，展示架和展示卡就没有什么区别了。值得注意的是，展示架因为是放在柜台上，摆放商品的目的在于推广说明，所以其上放的一般都是体积比较小的商品，而且数量以少为好。适合展示架展示的商品有珠宝首饰、数码产品、药品、手表、钢笔等。

柜台展示POP广告因其功用和展示方式的限制，在设计时必须注意以下要点：必须以简练、单纯、视觉效果强烈为根本要求；必须注意展示平面的图形与色彩、文字与广告内容的有效结合；为了区别于一般意义上的价目卡片，应以立体造型为主，价格表示为辅；立体造型在能支撑展示平面或商品的同时，应充分考虑其与广告内容的有效结合。

2. 壁面POP广告

壁面POP广告是陈列在商场或商店壁面上的POP广告形式。在商场中，除墙壁为主要的壁面外，活动的隔断、柜台和货架的立面、柱头的表面、门窗的玻璃等都是壁面POP广告可以陈列的地方。

运用于商场的壁面POP广告，有平面和立体两种形式。平面的壁面POP广告，实际上就是招贴广告；立体的壁面POP广告由于受壁面展示条件的限制，主要以半立体的造型为主。所谓半立体的造型，也就是类似浮雕的造型。

3. 吊挂POP广告

吊挂POP广告是对商场或商店上部空间及顶界面有效利用的一种POP广告类型。

吊挂POP广告是各类POP广告中用量最大、使用效率最高的一种。因为商场作为营业场所，其空间无论是地面还是壁面，都必须对商品的陈列和顾客的流通做有效的考虑，唯独上部空间和顶界面是不能用来做商品陈列和行人流通用的，以，吊挂POP广告不仅在顶界面有完全利用的可能性，而且在上部空间的向上发展上占有极大优势。即使地面和壁面上可以放置适当的广告体，但其视觉效果和可视程度与吊挂POP广告相比也是有限的。由于壁面POP广告常被商品及行人遮挡，或没有足够的空间让顾客退开来观看，所以其在视觉效果和观看的角度上都会受到限制。而吊挂POP广告就不一样了，在商场内凡是顾客能看见的上部空间都可以有效利用。另外，从展示的方式来看，吊挂POP广告除能对顶界面直接利用外，还可以向下部空间做适当的延伸利用。所以说吊挂POP广告是使用最多、效率最高的POP广告形式。

吊挂POP广告的种类繁多，从众多的吊挂POP广告中可以分出两类最典型的吊挂POP广告形式，即吊旗式和吊挂物两种基本类型。

（1）吊旗式POP广告

吊旗式POP广告是在商场顶部吊挂的旗帜式POP广告。其特点是以平面的单体在空间做有规律性的重复排列，加强广告信息的传递。

（2）吊挂物POP广告

吊挂物相对于吊旗式来说，它是完全立体的吊挂POP广告。其特点是以立体的造型来加强产品形象及广告信息的传递。

4. 柜台POP广告

柜台POP广告是置于商场地面上的POP广告。柜台POP广告的主要功能是陈放商品，与展示架相比，它以陈放商品为目的，而且必须可供陈放大量的商品，除此之外，柜台POP广告还具有广告宣传的功能。由于柜台POP广告的造价一般都比较高，多用于以一个季度以上为周期的商品陈列，适用于专业销售商店如钟表店、音响商店、珠宝店等，或商场内的销售专柜。

柜台POP广告的设计，从使用功能出发，还必须考虑与人体工程学相关的因素，如人的身高、人站着取物的尺度以及最佳的视线角度等。

5. 地面立式POP广告

地面立式POP广告是置于商场地面上的广告。商场外的空间地面，如商场门口、通往商场的主要街道等也可以作为地面立式POP广告陈列的场地。与柜台POP广告以陈列商品为主要功能不同，地面立式POP广告是完全以广告宣传为目的的纯粹广告体。

由于地面立式POP广告是放在地面上的，而地面上又有柜台存在和行人流动，为了让地面立式POP广告有效地达到广告宣传的目的，其体积和高度必须有一定的规模，高度一般要超过正常人的身高，在2.0 m以上。另外，地面立式POP广告由于其体积庞大，为了支撑和视觉传达效果，一般都为立体造型。因此在设计立体造型时，必须从支撑和视觉传达的不同角度来考虑，使地面立式POP广告既具有稳定性又具有广告性。

除此之外，像招牌式POP广告、橱窗式POP广告、动态式POP广告和光源式POP广告等，还有随着时代与科技发展不断涌现的新的POP广告形式，虽然它们不能归于以上的某一类型，但作为各具特色的POP广告形式，也是我们在学习和研究的过程中需要考虑的。

第一章　POP广告概述

第四节　POP 广告设计的构成要素

一、POP 广告设计的图形

　　人类特有的社会劳动和语言，使人的意识活动达到了高度发展的水平，人的思维由认识表象到将表象记录到大脑中形成概念，而后将这些来源于实际生活经验的概念普遍化并加以固定，从而使外部世界乃至自身思维世界的各种对象和过程均在大脑中产生各自对应的印象。这些印象是从直接的外在关系中分离出来、独立于思维中保持并运作的。这些印象以狭义语言为基础，又表现为可视图形、肢体动作、音乐等广义语言。

　　图形可以理解为除摄影以外的一切图和形。图形以其独特的风格，在版面构成中展示着独特的视觉魅力。图形是在平面构成要素中形成广告个性及提高视觉注意力的重要素材。图形能够下意识地影响广告的传播效果。图形占据了重要版面，有的甚至是全部版面。图形往往能引起人们的注意并激发人们的阅读兴趣，图形给人的视觉印象要优于文字。因此，广告设计者应合理运用图形。

　　图形设计是按照现代视觉传达的心理规律进行的。在 POP 广告中，图形占有重要地位，占据了重要版面，承担着信息传播的职能。广告能给人们留下深刻印象，很大程度上取决于广告作品中图形的表现能否抓住消费者的心理并引起共鸣。

　　现代 POP 广告使用的图形，可以认为是除了文字之外的一切图和形。

　　"形"指的是图在版面内的不同风格特征所形成的各种不同的"形"的感觉。图形以其独特的表现力，在版面构成中展示着独特的视觉魅力，它通过想象的思维准确地描绘、传达商品信息和激发人们的购买欲望。广告设计中的图形与标记、标志、图案不同，它既不是一种单纯的标志、记录，也不是单纯的符号，更不是单纯以审美为目的的装饰，而是在特定思维意识支配下对某个元素或多个元素组合进行蓄意刻画和表达的形式。用图形表达设计内容，传达商业信息，要采用有关形象的近似概念、属性、形态、关系等去说明、象征或指示。

　　随着时代的进步，传统的视觉形式对人们已不构成吸引，而具有高度刺激的表现形式则更为人们所喜爱和易于接受。图形语言追求的是以最简洁有效的元素来表现富有深刻内涵的主题，好的现代 POP 广告设计无须文字注解，人们只需观察图形后便能迅速理解广告的意图，达成共识。

（一）图形的分类

1. 聚成类图形

聚成类图形是指运用一批相同或相似的形象素材，按一定规律聚集起来，组合而成的图形。常用的素材包括：点、线、面、符号或其他形体等。聚成类图形分为聚点图形、聚线图形、聚面图形、迷视图形等几类。

2. 光影类图形

利用影像作为素材所设计的图形就是光影类图形。光影类图形分为剪影图形、形影图形、异影图形等几类。

3. 文字类图形

文字类图形就是以文字为素材的图形。文字类图形依其与图像的结合程度与结合方式，分为书写性文字类图形、装饰性文字类图形、意象性文字类图形和综合性文字类图形等几类。

4. 符号类图形

符号类图形是指将形象素材简化成符号，并组合起来表现一定内涵的图形。常见的符号类图形有象征图形和共识图形。

（二）图形设计的表现形式

图形设计具有无限的多样性，从具体的表现形式可以分为具象图形、抽象图形和综合图形三种。

1. 具象图形

具象图形可表现客观对象的具体形态，同时也能表现出一定的意境。它以直观的形象真实地传达物象的形态美、质地美、色彩美等，具有真实感，易从视觉上激发人们的兴趣与求知欲，取得人们的信任。尤其是一些具有漂亮外观的产品，常运用真实的图片通过精美的设计制作给人带来赏心悦目的感受。

另外，具象图形是人们喜爱和易于接受的视觉语言形式。运用具象图形来传达某种观念或产品信息，不仅能增强画面的表现力和说服力，提升画面的关注度，而且能使传达富有成效。需要注意的是，具象图形图片的选择和运用要紧扣主题，需要经过严格的筛选，它应是具体图形表现的升华，而不是图片形象的简单罗列、拼凑。具象图形的表现形式又可以分为以下几类。

（1）写实型

传统的绘画属于写实型，将此种表现形式应用于实际比较费时，虽然其具有优良的传统，但是采用者甚少。目前比较流行的表现形式是摄像。它又快又准，能达到事半功倍的效果，在现代POP广告的设计中起到了良好的作用。

（2）简化型

具体形态往往看起来比较复杂，无论是色彩的搭配，还是字体的造型都具有复杂性。POP广告图形设计要言简意赅、简洁、主题突出，能较快地表明产品的信息。

（3）变形型

所谓变形型就是改变原有的形态，采用夸张等表现形式改变其个性。如漫画的变形形式，使造型更具夸张感和幽默感。在视觉的表现上加强了产品的视觉冲击力和影响力，在现代众多的产品中这种表现形式更为常见。

2.抽象图形

所谓抽象是从众多的事物中抽取出共同的、本质的特征，而舍弃非本质的特征。抽象的过程也是一个裁剪的过程，不同的、非本质的特征全部被裁剪掉了。

在POP广告设计中，抽象图形的表现形式主要通过几何构图来实现。

（1）分割构图

所谓分割构图是指将完整的画面分割成若干块，而不失完整性与统一性的构图方法。分割有两种方式：比例分割和自由分割。在POP广告设计中，比例分割是比较常见的表现形态，主要从构图的形式法则出发，比较容易掌握，同时可以得到良好的视觉效果。自由分割是一种不规则的分割方式，全凭设计师的主观意念来进行安排设计。

（2）重叠构图

重叠构图是指两个不同形态的视觉元素相互重叠构筑而形成画面，从而产生空间感的构图方法。POP广告设计中，大量的海报设计采用了重叠构图的表现形式来体现产品的特征。

3.综合图形

所谓综合是指将众多的设计元素组合在一起，如平面的与立体的、具体的与抽象的、手工艺的与计算机制作的等表现技法相结合，无拘无束。在现代POP广告设计中综合图形的运用非常丰富，在柜台POP广告设计中，根据产品信息的需要，及时更换产品内容，可以简单地对宣传的图形进行更改，加以艺术处理，一件完整的现代的POP广告设计作品就完成了。当然，这需要精湛的设计手法与技术。

二、POP广告设计的色彩

在POP广告设计中，色彩是一个重要的组成部分。它可以制造气氛，烘托主题，强化画面的视觉冲击力，直接引起人们的注意与情感上的反应；另外，它可

以更为深入地揭示主题与形象的个性特点，强化感知力度，给人留下深刻的印象，在传递信息的同时给人以美的享受。

现代 POP 广告设计中，运用商品的色彩联想、象征等色彩规律，可增强商品信息的传达效果。不同种类的商品常以与其感觉相吻合的色彩来表现，如食品、电子产品、化妆品、药品等在用色上有较大的区别；而同一类产品根据其用途、特点还可以再细分。如食品，总的来说大多选用纯度较高、感觉干净的色彩来表现。其中红、橙、黄等暖色能较好地表达色、香、味等感觉，引起人的食欲，故在表现食品方面应用较多；咖啡色常用来表现巧克力或咖啡等一些带苦香味的食品；绿色给人新鲜的感觉，常用来表现蔬菜、瓜果；蓝色有清凉感，常用来表现冷冻食品、清爽饮料等。

（一）POP 广告色彩的分类

色彩分为无色彩和有色彩两类。无色彩主要有黑、白及灰色，有色彩主要有红、黄、蓝、绿等色。

1. 无色彩

无色彩包括白色、黑色或由白色与黑色相互调合形成的各种不同层次的灰色。无色彩只有明暗、深浅变化，称为明度色调。

2. 有色彩

有色彩也称为有色彩系，是指除无色彩以外的所有不同明度、不同纯度、不同色相的色彩。如红、橙、黄、绿、青、蓝、紫等色彩都有各自不同的明度差异、纯度差异和色相差异。有色彩变化复杂，既有明度变化，又有色相和纯度变化，因此，就色彩而言，它具有三种基本属性，即明度、色相和纯度。

在有色彩中，最明亮的是黄色，最暗的是紫色，这是由各个色相在可见光谱中，振幅不同，人眼对其知觉的程度不同而造成的。黄色、紫色在有色彩的色环中，成为划分明暗的分界线。任何一个有色彩，加入白色，明度都会提高，加入黑色明度则会降低，加入灰色则依据灰色的明暗程度而得到相应的明度。

色相是根据其波长的不同与人的视觉经验结合产生的一种色彩特征。以红、橙、黄、绿、青、蓝、紫的光谱色为基本色相，其他各种色相都是以基本色相为基础发展起来的。如玫瑰红、大红、朱红是偏红的色相；橘红、橘黄是偏橙的色相；中黄、柠檬黄是偏黄的色相；草绿、橄榄绿、翠绿是偏绿的色相；湖蓝、钴蓝、孔雀蓝是偏蓝的色相；紫罗兰、紫红是偏紫的色相；等等。

在可见光谱中，红、橙、黄、绿、青、蓝、紫是最纯的颜色，而各色相之间

也存在纯度差异，如红色比橙色纯度高；橙色比绿色纯度高。高纯度的色相加白色或加黑色，将提高或降低色相的明度，同时也会降低它们的纯度。加入适当明度的灰色或其他色相，也可相应地降低色相的纯度。

（二）POP广告设计的配色及色彩特征

现代POP广告设计中，更多地注重色彩的多样性，为了统一形象、宣传产品的特征，应运用统一的色调来抓住消费者的心理，从明度、纯度、色相三个方面展开实施。

1. POP广告设计中配色的基本要求与技巧

首先从色彩的三原色来了解POP广告设计中配色的基本要求与技巧。

红色的色感温暖，性格刚烈而外向，是一种对人刺激性很强的色彩。红色容易引起人的注意，也容易使人兴奋、激动、紧张、冲动，同时也是一种容易造成人视觉疲劳的色彩。

黄色的色性冷漠、高傲、敏感，给人以扩张和不安宁的视觉印象。黄色是各种色彩中最为娇气的一种色彩。只要在纯黄色中混入少量的其他色彩，其色相感和色性均会发生较大程度的变化。

蓝色的色性朴实而内向。蓝色常为那些活跃、具有较强扩张力的色彩提供一个深远、广阔、平静的空间，成为衬托活跃色彩的一种颜色。蓝色还是一种在淡化后仍然能保持较强个性的色彩。如果在蓝色中分别加入少量的红、黄、黑、橙、白等色彩，均不会对蓝色的色性造成较明显的影响。

2. 明确POP广告设计的色彩特征

POP广告设计色彩的识别性主要与产品的性能特征和功能性相对应，色彩形象展现在消费者面前，发挥色彩语言独特的感官魅力，以此来提升产品的知名度。例如，蔬菜、水果多用绿色；蛋糕制品多用黄色；喜庆用品多用红色；家电产品多用蓝色；等等。这些色彩的差异性都能说明产品不同的特性，从而引导消费。

同时，POP广告设计的色彩应该与企业的标准色保持一致，标准色突出了企业的产品特征、经营理念与企业文化，具有强烈的识别性。例如，可口可乐的标准色是红色，营造了热闹、欢乐的气氛，在POP广告的表现上同样以红色来进行设计，凸显了产品的重要特征。

三、POP广告的字体及版式设计

文字有着丰富的字体形态，同时也可以根据需要进行造型变化，文字和字体设计都是视觉艺术领域不可或缺的重要设计元素。设计者首先应该对文字的各种

字体形态进行全面了解，然后在此基础上探讨字体设计问题，并且能够尽量多地掌握字体设计的各种造型方式和表现风格，以便为今后的应用设计做好充分的准备。字体在设计中的应用、字体所体现的价值与作用及整体的关系如何处理等问题，都是设计者在应用设计中必须关注的。

字体设计往往是成功设计的决定性因素。在POP广告中，艺术字体是最常用的表现形式，它直接、明了、易懂、易记。具有艺术性的字体会增强POP广告的感染力，使消费者收获美感并留下深刻的印象。中国的汉字有着渊远的历史，现代字体是随着时代的发展孕育而生的，有着鲜明的特征。

在现代字体设计教学中，大部分教师仅要求学生掌握各种美术字的基本结构和在此基础上的各种装饰性字体设计，而缺少对汉字结构和风格特征更深层次的探索。本节意在通过对字体特征的介绍，让学生感知现代字体具备的审美特征，同时设计出符合这个时代审美取向的实用字体。

现代字体设计是非常重要的专业基本功，对字体设计掌握的程度，会直接影响将来专业课程的学习。现代字体设计是通过对字体结构和文字意义的理解，进行解构和再设计，使学生掌握文字的书写规律及韵律美感，培养和训练学生的设计和书写能力，并将这种能力运用到今后的专业设计中。

直观地理解，字体设计需在注重外在形式美的同时，强调其实用功能。现代字体乃是作为记录语言的视觉符号，是利用文字形体来传达信息意义，"文字本身就是创意"。汉字作为象形文字，具有完整的体系与严谨的结构。

现代字体设计，就是在局限中求空间。正所谓有容乃大，在"大设计"的今天，做现代字体的设计，就应该像汉字"一"，看似简单却包罗万象。

经过深入的了解和学习，学生对现代字体设计中的实用性、艺术性及时代性都会产生一定的认知，为了丰富字体设计的内涵，在今后专业课程的学习中也自然会做到融会贯通。字体格式多种多样，字体的造型方式和表现风格也是丰富多彩的。如字体的几何化造型、字体的物化造型、字体的夸张变形和字体的装饰化

造型等。具体方法有笔画或偏旁的延长或替代、粗细变化和大小变化，以及字体的电子显示处理和字体碎片化处理等。

总之，字体具有丰富的造型和良好的艺术表现力，字体设计不仅是一种独立的艺术表现形式，根据应用设计进行专门的字体设计，也是POP广告应用设计必须具备的能力。在了解并掌握字体创作规律的同时，还应不断学习优秀作品的表现方式。

在POP广告设计活动中，一般都会对主题性文字进行专门设计，这将会呈现出字体的显著特点，进一步突出并加强主题和艺术表现风格。同时在应用设计方面，还应该根据字体的造型特点，从整体构图与表现效果着手，注意字体的位置、大小和有关色彩问题，主题性字体与其他文字的主次关系以及字体与相关形态的相互配合方式问题等，在表现主题的前提下做到各方面的整体和谐与统一。在特殊情况下字体也可以充满整个画面，这时候的字体将会成为整体设计的绝对主体。

手绘POP广告的独特之处是有亲切感和人情味，而对于消费者，这一点又是最为重要的。总之，只有掌握手绘POP广告设计的技能，才能在临时设计中得心应手。

（一）POP广告的字体设计

文字作为视觉形象要素，首先要有可读性。同时，不同的字体变化和大小及面积的变化，又会带来不同的视觉感受。文字的编排设计是增强视觉效果、使版面具有个性化的重要手段之一。在POP广告设计中，字体的选择与运用要便于识别、容易阅读，不能盲目追求效果而使文字失去最基本的信息传达功能，尤其是在改变字体形状、结构，运用特技效果或选用书法体、手写体时，更要注意其识别性。

字体的选择还要注意达到诉求的目的。不同的字体具有不同的特征，而不同内容、风格的POP广告设计也要求不同的字体设计定位：或严肃端庄，或活泼轻松，或高雅古典，或新奇现代。要从主题内容出发，选择在形态上或象征意义上与传达内容相吻合的字体。

在整版的POP广告设计中，字体的变化不宜过多，要注意所选择的字体之间的和谐统一。可用不同的字体编排风格营造出新颖的版面形式，给读者带来不同的视觉感受。

1. POP广告字体类型

在POP广告设计中，文字字体的种类繁多，下面主要从两个方面来介绍。

（1）书法字体

我国汉字的艺术表现形式具有3000多年历史，既有艺术性，又有实用性。目前，我国一些企业常用社会名流及书法家的题字，作为企业名称或品牌的标准字体。

书法字体是相对标准印刷字体而言的，其设计形式可分为两种：一种是针对名人题字进行调整编排，如中国银行的标准字体；另一种是设计书法体或者说是装饰性的书法体，这是为了突出视觉个性，特意描绘的字体，这种字体是以书法技巧为基础而设计的，介于书法和描绘之间。书法字体，就是书法风格的分类。就像自然科学对动物、植物的分科，如猫、虎、豹等，都属猫科动物。书法字体，按传统分为行书字体、草书字体、隶书字体、篆书字体和楷书字体五大类。在每一大类中又细分若干小的门类，如篆书又分大篆、小篆，楷书又分魏碑、唐楷等。

（2）印刷字体

就字体而言，作为手写体对应的概念，印刷字体特指以几何线形组成的字体。同时又用"活字印刷字体"泛称印刷排版系统中的各类字体，包括在手写体的基础上加工而成并保留手书风格的字体。

印刷字体有很多不同的设计，每种字体都有自己的独特形态，各有不同的美观感觉。中文字字数多，设计比较难，但由于数码技术的进步，印刷技术数码化，数码字体的制作越来越容易，中文字体的数量也逐渐增多。整体来说，用来排正文的字体，字形走不出上述的各种字体。比较新颖的设计，用来排标题较为合适。现在的印刷字体基本上可以归纳为六大类：宋体、仿宋体、黑体、楷书、秀丽体、装饰体。

印刷字体是字体设计的基础，而字体设计则是印刷字体的发展。

2. POP字体设计的方法

（1）笔形变异

笔形变异即对笔画的形态做一定的变异，这种变异是在基本字体的基础上对笔画进行改变而形成的。

（2）笔画共用

既然文字是线条的特殊构成形式，是一种视觉图形，那么在进行设计时，就可以从纯粹的构成角度、从抽象的线性视点，来理性地看待这些笔画的同异，分

析笔画之间的内在联系，寻找它们可以共同利用的条件。借用笔画与笔画之间、中文字与拉丁文字之间存在的共性而巧妙地加以组合，达到笔画共用的目的。

根据文字内容的表达意思，可以用具体的形象替代字体的某个部分或某一笔画，这些形象可以是写实的或夸张的，但是一定要注意到文字的识别性。

3. POP字体设计的特征

（1）易读性

文字在视觉传达中向大众传达作者的意图，最终的目的不是纯欣赏，而是带有欣赏意味的宣传。字体设计要让读者能够借助文字这一特殊的符号，读懂所要传达的信息。因此文字的可读性非常重要。要达到这一目的，字体的设计应避免繁、杂、乱，设计中的笔画、结构应符合人们的视觉习惯，必须让人容易辨认，易懂、易读，可识别性要高。在POP广告设计中，文字的内容、大小、色彩要充分体现产品的主题内容。

（2）统一性

在画面传达信息的过程中，文字作为画面的形象要素之一，还具有传达感情的功能。字体设计要注意字形的特点，间架结构的合理搭配；字应该保证完整的统一性，字与字的风格应保持一致。设计师应以文字为主体，使文字的形式更合理，更完美，更具有时代气息，从而更有效地传递产品的信息。

（3）个性化

好的字体设计应该使人过目不忘，这就要求字体设计具有与众不同的特色。在设计中应根据主题的要求，突出文字的个性色彩，创造具有现代气息和独具特色的字体，给人别开生面的视觉感受。设计时，通过巧妙的构思和技法，将文字主题的寓意与优美的形式有机结合。在文字的形态特征与组合上进行探讨，借助各种不同的字体形态，表现其结构的特点。在POP广告设计中，只有赋予创造性的字体设计才能在短时间内凸显产品的特性，只有创造具有鲜明特色的广告设计，才能使产品具备良好的市场前景与长久的生命力。

总之，POP广告设计必须以创造性的字体设计为原型，并具备个性突出、形象鲜明、注目性强、便于识别和记忆的特点，给人以美的享受。

（二）POP广告的版式设计

版式设计是现代设计艺术的重要组成部分，是视觉传达的重要手段。表面上看它是关于编排的学问，而实际上，它不仅是一种技能，更是技术与艺术的高度统一。版式设计是现代设计师必须具有的艺术修养与技术知识。

所谓版式设计，即在版面上将有限的视觉元素进行有机的排列组合，将理性

思维个性化地表现出来，是一种具有个人风格和艺术特色的视觉传达方式。它在传达信息的同时，也产生了感观上的美感。版式设计的范围可涉及报纸、书刊、画册、产品样本、挂历、招贴、唱片封套等平面设计的各个领域，它的设计原理和理论贯穿于每一个平面设计的始终。

1. POP广告版式设计的审美原理

艺术旨在创造有愉悦性的美的形式，现代版式设计也是艺术形式的一种，其艺术性就是遵循美的原理，将对称与均衡、对比与调和、秩序与变异、空间与虚实等形式美的构成法则运用于版式设计，使版面设计更多样，更新颖，更美观，更具个性，更能使读者通过版面交融，激发他们的审美情趣，并与设计师的审美观、艺术内涵产生共鸣。

（1）对称与均衡

对称就是以中轴线或中心点为基准，在大小、形状和排列上具有一一对应的关系，而形成的同行同量的结构形式，也称为"镜式反映"形式。例如，人的身体结构、动物的结构等都是对称的，也是常见的一种自然形式。

在POP广告版式设计中，对称形式是一种常用的形式，是文字和图形居中对称的编排，这种形式给读者带来严谨、稳重、平和的美感，而且对称的图形容易成形，在版面设计上显得更突出，注目率较强，使人过目不忘，印象深刻。

（2）对比与调和

对比与调和是美的构成法则中最重要的形式之一，也是现代版式设计不可或缺的一种美的形式。对比就是形象特征的强调，即将两个以上不同的质和量、强和弱、大和小等相反的东西放置在一起，所产生的差异。其原理就是利用反差事物的差异比较相互刺激，在比较中相互衬托，加强特性与个性。

形象与空间的对比，即文字、图形的安排在版面中的留白关系，有正负、疏密、面积等的对比。色彩对比，即色彩的明度、色相、纯度、冷暖、面积等的对比。

（3）秩序与变异

秩序与变异的形式法则源于形式美。形式美的规律有两种：一种是由秩序而产生的美，称为秩序的形式美，这是主要的表现形式；另一种是与其相反的，即打破常规的美，这种违反秩序的形式虽然不是主流，但是对旧秩序的一种突破，颇有新意。这两种形式美给人不同的形式风格。

POP广告版面设计的最基本要求是清晰明了、井然有序，由此而产生版面秩序美。大量的版式设计是以秩序原则为依据的，通过文字、图形、线条、色块有规律的组织和编排，来体现版面的科学性和条理性。

（4）空间与虚实

空间是任何画面都必不可少的，虚实则是画面形象安排处理时必不可少的。现代版式设计对空间的理解：一是版面的实际尺寸，即版式设计的范围；二是版面中的虚实，对虚实的理解可转化为视觉形象，即版面中的留白和形象。

POP广告版式设计的视觉元素是文字、图形、线条、色块，形体是实体，为"图"，"图"具有紧张、密度高、前进的感觉。但是，图形将空间衬托出来，才能成为视觉形象。空间则虚，版面上表现为留白，即没有任何图文的空白。留白的重要性显而易见。

2. POP广告版式设计的特征

在POP广告版式设计中，要求具有创造性的字体、图形和色彩间的合理搭配，确立三者在画面中的具体位置，从而凸显产品的特性。

（1）光鲜与醒目

画面的光鲜与醒目是为了强调产品的特性，让消费者在短时间内能够接收产品的信息。创意的字体设计、具有冲击力的图形语言最能提升产品的形象，形成较强的视觉中心，从而达到最优的视觉效果。

（2）节奏与韵律

将节奏与韵律的形式法则引入现代POP广告版式设计中，文字、插图、色彩等视觉元素可以根据内容和形式的需要表现为平稳的、纤细的、粗犷的，也可以根据其数量表现为错落的、渐次的、单纯的、复杂的，以此构成版式设计的韵律。

节奏与韵律是密不可分的统一体，是美感的共同语言，是创作和感受的关键。"建筑是凝固的音乐"，就是因为建筑都是通过节奏与韵律的体现而造成美的感染力的。成功的建筑总是以明确动人的节奏和韵律将无声的实体变为生动的语言和音乐。

POP广告版式设计中的节奏与韵律则是指特定版面内的视觉图形元素属性间的变化与统一关系所构成的具有一定风格、特征的版式规律，属视知觉心理范畴。

（3）协调与审美

现代POP广告版式设计注重画面的艺术性与审美性。画面中既要体现产品的相关信息，也要讲究画面的协调性。所谓协调是指文字的位置、大小、空间安排是否与图形达到平衡，保证画面的统一性。在广告设计中，很多广告只注重画面产品信息是否完整，而不考虑画面文字与图形是否协调、是否能引起观众的注意。现代POP广告版式设计应在保证信息完整的前提下，更多地认识到画面协调在视觉传达设计中的重要作用。

第二章
POP 广告的计划与制作

第一节　制订 POP 广告设计计划

广告计划包括多方面内容，如广告实施计划、企业形象与推广计划、POP 广告设计计划等，它体现了现代广告运营的基本特征，人们要有计划意识和善于计划，才能够科学地发挥广告的最大效能。

制订 POP 广告设计计划是设计前准备工作的关键环节，是整体设计的重要组成部分，是对整体设计的统筹与规划，是为了明确设计目标和协调有序地开展工作，以充分发挥 POP 广告在商品促销活动中的作用与价值。制订 POP 广告设计计划也是整体设计的重要组成部分之一，在此基础上，应该尽多地了解并掌握与设计计划书相关的广告策划原理，运用广告策划方法，丰富计划书实施运作程序，充实 POP 广告设计计划书的实际应用内容。在整体上应做到目标统一，避免盲目，协调有序地实施设计项目，提高有关资源的利用率和取得良好的设计效果，以进一步促进商品经营能力的提高。本节仅从计划书环节和所需有关知识内容与方法方面，进行概括性的归纳与表述，其中主要包括市场调查与设计定位、POP 广告设计计划书写作等。

第二章　POP广告的计划与制作

一、市场调查与设计定位

POP广告设计的目的是确立有关项目与内容，以适应商品促销活动各个方面的实际需要。具体而言，以商品促销为目的的POP广告设计一般是由若干个具体设计内容组合而成的，这些内容分别从不同的角度适应商品促销的整体需要，项目与内容之间相互配合、相互联系，确保二者具有明确的目的性和针对性。由于POP广告设计项目是从应用方面进行统一规划和有目的地实施设计内容的，所以设计内容的确定应该建立在对相关信息的采集分析和深入研究的基础上，为确定具体的设计项目提供有价值的市场信息，以保障整体设计的统一性与准确性、制作工程的实用性以及市场竞争的针对性，从而使POP广告设计立足于一个坚实的平台基础上，具有符合客观需要的市场定位。

（一）全方位信息采集

全方位信息采集是针对设计项目而言的市场调查和资料收集。全方位是横向与纵向的总称，所谓横向是指空间概念，是现有商品的预定市场；所谓纵向是指时间概念，是现有商品的过去、现在和将来。全方位就是从比较宽泛的角度进行市场调研和收集有关信息。信息采集包括三个层面的内容：消费市场调查、经营状况分析和有关POP广告应用情况总结。所以应从各个方面强化市场意识，进行横向与纵向的比较，选择最佳机会点。通过全方位信息采集，能够为做好POP广告设计计划书奠定丰富的信息基础。例如，"卤敢当"品牌的设计，品牌调性：老戏新唱，文化碰撞。闽南文化是属于地域性的公共财产，此品牌的设计意图是对传统文化进行视觉形象落地改造，结合能让年轻人接受的潮流文化，打造有厚重感的"闽南潮流"。这与现下流行的国潮不谋而合，不同于国潮的广泛，闽南文化精确到点，面向客户群体定位准确，从视觉、认知、文化上，彻底改变顾客对卤味单品的刻板印象，让传统文化"活"起来。设计呈现：打造鲜活的品牌形象，思路源于传统文化石敢当精神。主要目的是取其"保平安，驱邪"之意，以此作为引申意义，打造卤敢当闽南食神的形象。

1. 消费市场调查

消费市场调查主要是指针对POP广告设计项目开展的市场调查，掌握市场调查的基本特征，合理制定调查基本程序，确定市场调查内容和市场调查基本方法等。

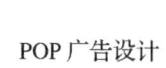

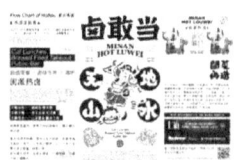

（1）市场调查基本特征

市场调查是为特定目标服务的前期活动，市场调查要具有一定的实际作用与价值，要体现明确的针对性，并用数字表明调查内容与结果。

（2）市场调查基本程序

确定设计项目、明确考察方向和具体内容、制订考察方式和时间进度表。

（3）市场调查基本内容

主要考察与设计课题相关的项目，基本内容包括商品销售定位、商品促销方法、商品陈列方式、有关POP广告设计风格和设计项目等，也可以按照一个商品的品牌开展深入细致的市场调查。

（4）市场调查基本方法

收集信息资料要做到多看、多听、多问、多查、多想，确立调查题目，做到有的放矢，实地考察与网络信息收集相结合，实际质询与直观感受相结合，积极调动各方面因素，做好详尽的文字记录和形象资料收集工作，同时应注意市场调查的客观性、随意性，才能保证它的代表性。

2.经营状况分析

经营状况分析具体包括：消费心理分析、细分市场策略和竞争状况比较等内容。

（1）消费心理分析

消费心理分析包括消费心理共性、消费观变化的影响因素和消费心理个性差异

三个层面的基本内容。消费心理共性包括消费需求的三个阶段：认识—情绪—意志；心理变化的三个过程：感觉—知觉—记忆；情绪变化的四个阶段：悬念—定向—强化—冲突；意志变化的三个阶段：决定—执行—体验。消费观变化的影响因素包括感性认识、注重差别化、强调美感、重视保健等。消费心理个性差异包括性别、年龄、职业、收入、居住区域、文化背景等。

（2）细分市场策略

细分市场策略包括划分特定的消费群体、争取有欲望的消费者和具体的消费人群，把市场营销策略与制订的广告策略相结合，要能够做到"一把钥匙开一把锁"。如优衣库服装以百搭为设计理念，款式简约，风格轻松，以舒适性为第一。优衣库专卖店设计风格兼具品牌特质，符合休闲家居生活形态。在产品样式、主要色彩、专卖店设计和广告风格方面都体现了简约设计，这背后回归的是人本主义。

（3）竞争状况比较

要了解竞争对手，对手是谁？对手有多少？对手的基本情况如何？同时要充分、理性地掌握产品的优缺点，细分市场和针对目标。在竞争状况和比较分析方面要有着眼于未来的理念。如可口可乐与百事可乐是明显的竞争对手，但是在细分目标市场方面，百事可乐则更注重时尚感和关注青年人目标市场。

3.广告设计调研

广告设计调研和资料收集，涵盖广告实施的各个方面，应该尽量多地掌握有关资料。重点调查与研究相关产品的POP广告设计所应当包含的设计定位、设计创意、设计内容和设计方法以及设计表现风格和形象特点等。

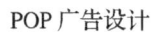

（1）重点设计资料收集

重点设计资料收集是针对某一商品品牌的广告设计项目收集资料，尽量做到收集一个完整系列的广告设计资料，其中也包括POP广告设计内容，并且进行重点研究，为掌握规律和分析对照做好充分的准备。

（2）广泛收集资料

广泛收集资料是指对感兴趣的各种广告形式进行资料收集，尤其是对具有突出特点的POP广告设计形式、广告创意、表现形式、应用材料与技术等，从中取得广泛的设计经验，为今后项目设计奠定坚实的基础。

（3）广告调研方法收集资料

此方法是指以形象化的方式收集广告设计有关资料，在关注整体设计效果的同时，注意把握细节的变化与特点，将资料分门别类地加以整理与分析，并对重点问题做出文字注释。

第二章　POP广告的计划与制作

（二）多角度项目研讨

多角度项目研讨是指在广泛信息采集的基础上，从项目设计所涉及的各个方面对有关信息进行仔细筛选，深入探讨。在探讨过程中尽可能全面地掌握项目设计有关资料，了解委托企业的本意和具体要求，对于产品和有关竞争环境进行客观深入的分析，从而确定项目设计定位和所要达到的具体目标。因此，有必要成立项目设计小组，以分工合作的方式做好整个项目设计工作，集思广益，分门别类地探讨分析各方面问题。

1. 掌握项目设计资料

在设计之前尽量全面掌握与项目设计有关的资料，并确立设计小组，具体包括如下内容。

（1）相关广告资料

掌握项目之前的各种广告设计和有关发布情况、包装设计和有关应用情况、产品介绍和市场情况，以及有关POP广告设计效果和实施效果预评估等。

（2）企业形象设计资料

掌握有关企业形象设计资料，了解企业形象定位与特征、产品定位和以往所使用的主要形象资料等。

（3）相关文字资料

尽量获取企业对于本产品的市场调查报告、市场竞争分析报告以及本产品的竞争优势分析等相关资料文件。

（4）确定设计小组

在上述基础上，以设计小组为单位讨论分析各个方面的资料，提取设计定位和设计创意可以依靠的重要信息，论证关于项目设计各个方面的可行性，预计整体设计效果和可能出现的有关问题，为本次项目设计顺利实施提供可靠的基础条件。

2. 了解委托企业具体要求

对于整体POP广告的设计效果，委托企业一般都有具体的要求和心理预期，这也是项目设计之前研讨的重要内容和不可或缺的必要环节。了解和掌握委托企业对于本次设计的具体要求和期待，可以通过对企业提出的具体要求的分析、人员交流以及察看生产环境、销售环境和广告环境的方式获得有价值的信息，做到心中有数，有的放矢。

（1）企业的具体要求

在一般情况下，委托企业可能对于本次POP广告设计提出一系列的具体要求，如设计主题、宣传内容、设计包含的图形、项目设计数量、本次设计所期望达到的目标等。

（2）座谈与交流

设计小组要带着问题与企业有关人员进行座谈和沟通，诚恳地提出预先设定的问题，尽量请对方多谈问题和介绍企业各个方面的情况，并认真倾听和做好记录。在尚未举行座谈的条件下，应该经常性地与有关人员进行交流，尽量能够掌握委托者的本意。

（3）考察企业环境

在企业允许的情况下考察有关产品生产过程，参观产品展览室，了解商品流通现状、企业发展成就、企业文化建设以及企业整体环境建设等，从中了解企业的整体生产能力和技术能力，从而感受到企业的整体精神面貌。

（4）有关材料分析

一般收集到的各个方面的材料都比较松散，要对来自多方面的信息材料进行分类整理，从中筛选出问题的症结，结合企业的具体要求和探讨对策，进一步提炼和明确整体设计所需要的重要概念。

3.竞争环境分析

　　竞争环境分析主要是指对本次商品促销活动中可能出现的竞争对手的分析。竞争对手有哪些产品？竞争对手有多少以及主次关系是什么？将收集到的有关资料进行分析探讨。如根据商品促销和具体设计需求收集和了解竞争者的产品质量、整体形象设计、产品包装、促销主题与设计定位以及各种POP广告项目设计和表现风格等。在掌握资料的情况下，分析竞争对手的产品的优势与劣势、产品的包装风格和特点，深入研讨竞争对手的促销主题和形象设计对POP广告设计的影响，以及商品促销的作用和实际效果。在对竞争环境的分析探讨中，进一步深化对本产品竞争优势的认识与了解，以取得本次POP广告的整体设计优势。

4.探讨设计定位与目标

确定设计主题与目标是本次POP广告设计的核心内容。在一般情况下，一个阶段的商品促销活动都应该拥有明确的促销主题。结合企业提供的商品促销主题探讨POP广告设计有关定位问题，通过掌握课题设计资料、了解委托企业的具体要求与竞争环境分析等，将横向比较与纵向深入探讨相结合，在此基础上提出几种定位设想，从中提炼出设计定位和整体设计所要达到的具体目标。例如，银泰商场促销活动宣传海报。

（三）确定项目设计内容

项目设计内容是指根据整体需要，在设计定位的基础上逐渐展开的一系列POP广告项目设计内容。整体POP广告设计一般包括多方面的具体内容，应该根据产品的特征、本次商品促销活动的需要、实际应用方面的需求和销售环境状况，进一步确定POP广告项目设计内容。

1.产品特征与项目设计内容

不同的产品都有各自的基本特性和特征，同时在商品促销和POP广告项目设计内容方面也有不同的需求，尤其是在商品特性和特征差别比较大的情况下，对项目设计内容表现具有决定性的影响。因此，应该在充分了解产品基本特性和特征的基础上，思考POP广告项目设计内容和有关应用功能问题，以及POP广告表现形式等。

2.商品促销与项目设计内容

商品促销都有特定主题与目标，以及促销方式和要求，这将在很大程度上影响着POP广告项目设计内容的确定。因此，在此之前应该掌握商品促销的主题与目标，结合本次商品促销活动的各种需要，进一步确定POP广告项目设计内容和有关使用功能方面的问题。例如，2018年俄罗斯世界杯期间，麦当劳作为国际足球

联合会世界杯的赞助商，创作了一则以俄罗斯文化为背景的麦当劳平面创意广告海报。广告画面中运用麦当劳标志性的食物元素描绘出莫斯科最古老的广场——红场，莫斯科心脏地带——克里姆林宫以及俄罗斯特产木制玩具——套娃，来传达第21届国际足球联合会世界杯在俄罗斯举行。俄罗斯套娃是一款俄罗斯特产木制玩具，一般由多个相同图案的空心木娃娃一个套一个组成，数量可达十多个，通常为圆柱形，底部平坦可以直立。

3. 应用需求与项目设计内容

POP 广告是一种实际应用性很强的广告形式，它几乎包括了各种市场广告形式的基本元素。因此，POP 广告项目设计内容应从实际出发，根据商品促销实际应用的需求确定必需的设计内容和表现手段，或根据具体需要创造性地开发新的POP 广告形式。

4. 销售环境与项目设计内容

根据商品销售环境的区域大小与空间形式、产品经营的区域位置以及商场的具体要求等，对项目设计都各有不同的要求。因此，在设计之前应认真考察和了解产品销售环境的各个方面，在此基础上确定 POP 广告设计应用形式、项目内容组合和整体安排问题，使其尽量满足销售环境的需求，并能够根据实际情况创造性地运用 POP 广告设计的各种形式与内容。例如，多芬推崇的美是自然的，是由女性自己积极创造、可以带给自己自信，并且是由内而外散发出来的美，所以多芬产品多采用蓝色配白色设计，属于大自然的配色。多芬根据商品销售环境的区域大小与空间形式、本产品经营的区域位置以及商场的具体要求等，对项目设计都各有不同的要求。

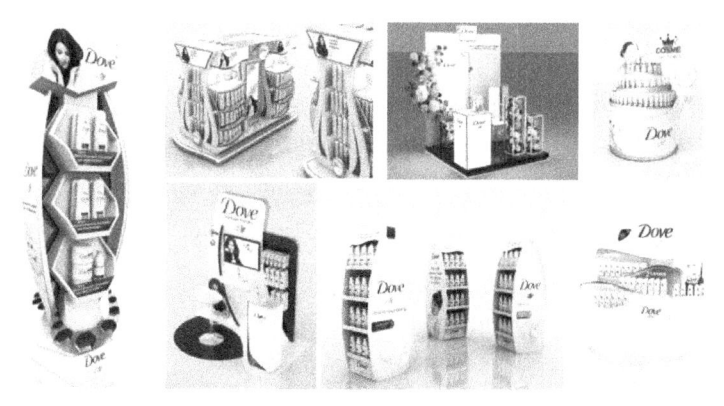

（四）确定项目设计定位

项目设计定位是 POP 广告能否达到预期目标的核心问题，其意义在于明确整

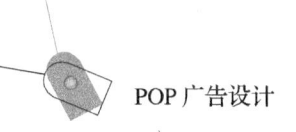

体设计方向，对 POP 广告设计各个方面起到提纲挈领的作用，用于指导整体设计，来统一和协调各个方面的关系，使整体设计具有明确的方向和目标。为了保证项目设计定位的准确性和整体设计的顺利实施，必须充分把握整体设计定位的依据和遵循有关项目设计定位原则，给予整体设计准确的定位，以确保项目设计的顺利实施。

1. 项目设计定位的依据

项目设计定位的依据是指收集的资料、综合分析和通过分析得出的基本结论等有关内容。项目设计定位要求明确设计课题、了解本次商品促销主题，通过在广泛采集相关信息、资料分析的基础上，与本项目所要求的宗旨相结合，综合概括、归纳各个方面内容，将其作为进一步得出方向性结论的依据，最终形成可靠和有实用价值的项目设计定位。

（1）从项目设计中得到依据

项目设计来源于企业的委托，其中包括企业单位名称和需要设计的有关具体内容等。不同企业和产品都有各自的特点，也有着对市场不同的期待，在接受企业委托项目设计的同时，还应该尽量多地了解企业相关信息内容，认真倾听企业方的介绍，包括产品的介绍、市场发展前景展望和市场营销建议等，这样才能真正了解项目设计的相关内容，作为进一步把握项目设计的重要依据。

（2）从了解促销主题中得到依据

产品在进入市场之前，企业根据产品特点和所需的市场，一般都会拟定商品促销主题和与促销主题相关的各种建议。项目设计者应该认真倾听企业意见，了解企业明确的商品促销主题和介绍的有关背景资料，尽量掌握其中的核心内容，在此基础上为企业的商品促销主题提出合理化建议，并将其作为项目设计定位的重要依据。

（3）从采集信息中获得依据

信息对于项目设计定位具有重要的影响，采集的信息内容包括企业提供的有关资料和根据项目设计定位所需进行的市场调研，如消费市场调查、经营状况分析和广告设计调研等，从而做到知己知彼，为做好项目设计定位奠定丰富的信息基础，并从中获取重要的项目设计定位依据。

（4）从资料分析中取得依据

客观的资料分析与深入探讨是使项目设计定位更具有使用价值的重要依据。依靠来自各方面的信息和有关资料进行综合分析、反复认真地讨论和归纳；同时借鉴以往设计经验，充分掌握可靠的依据，才能促使整体设计定位主要方向明朗化。

（5）综合得出结论

确定项目设计目标、了解促销主题、广泛采集信息和对资料进行分析与探讨都可以作为项目设计定位的整体依据。综上所述内容和分析过程，将每一项分析研讨的结果进行概括与归纳，对各方面信息做出合理的方向性的判断，明确项目设计定位的主要发展方向，进一步制订出能够进行实际操作的项目设计方案。

同时，在根据专业设计获取项目设计定位依据的过程中，也不要忽视直观感受所起的重要作用。在对各项内容归纳分析中融入感性认识，运用形象化的思维则更有助于获取更具实用价值的项目设计定位，也有利于POP广告设计的具体实施。理性分析与感性认识相结合，项目设计定位才能够在整体设计中体现其价值并发挥重要的指导作用。例如，爱美高（AMIGO）体育学院品牌的设计，苏州爱美高棒球俱乐部成立于2016年，是与MLB（街头生活运动品牌）合作的青少年棒球培训中心，由MLB提供美籍教练以及训练体系，该俱乐部为4～16岁的青少年提供纯正的美式棒球课程。在项目设计之初，首先对爱美高现有的视觉体系、品牌核心进行了分析与梳理，发现爱美高的品牌业务架构、视觉记忆资产存在着体系模糊的问题，且不同板块的形象输出不够统一与规范。为了降低品牌的成本，将品牌视觉与记忆成本、品牌口号与营销成本、品牌名称与传播成本相结合，明确爱美高品牌与子品牌之间以及品牌各层级之间的关系，规范视觉的呈现，使其品牌关系更加清晰，提取最核心的传播信息，进行品牌价值解读。

2.项目设计定位的原则

项目设计定位对POP广告设计具有重要的价值与作用，并为POP广告设计制定了明确的设计方向，确保整体设计定位的准确性以及有关设计各方面工作的顺利实施和开展。根据项目设计的需要，项目设计定位应该遵循以下基本原则。

（1）项目设计定位与促销主题统一的原则

项目设计定位是以产品促销主题为基础，是在对促销主题深入理解的情况下逐渐形成的设计定位。在POP广告设计方面，准确的项目设计定位与产品促销有着直接的联系，也是产品促销活动的整体组成部分之一，良好的POP广告设计定位将对产品的促销起着举足轻重的作用。因此，在项目设计定位方面必须做到与商品促销活动密切联系、与促销主题保持统一，保障项目设计定位的准确性，并以一个和谐统一的目标为指导，使其在商品促销活动中发挥效力。

（2）项目设计定位与产品特性统一的原则

在商品促销活动中能够准确传达产品基本特性和解决应用方面的问题，是POP广告设计的重要任务之一。因此，在项目设计定位的同时还应该深入了解产品的基本特性、有关特征以及技术和应用方面等问题，在此基础上进一步明确项目设计定位目标，做到项目设计定位与产品特性相统一，确保项目设计定位的实用价值与作用，即以一种切合实际的方式对整体项目设计进行定位。

（3）项目设计定位与消费需求统一的原则

项目设计定位的主要目的是在产品促销活动中对消费者产生重要影响，并通过POP广告使其了解商品，从而指导其消费。因此，消费者需求应该作为项目设计定位的重要因素，做到项目设计定位与消费者需求相统一，指导和促进POP广告设计对消费者需求的准确表述，从整体上做到有的放矢和顺利地开展商品促销活动。

（4）项目设计定位要具有设计应用价值

项目设计定位的另一重要任务是能够将定位概念转化为形象化的各种POP广告设计表现形式，并通过形象化的设计体现和表达出项目设计定位所要实现的整

体目标。因此，项目设计定位要具有视觉形象化的可转换性，才能够确保和发挥 POP 广告设计的应用性，并使项目设计的各项实际内容体现出整体定位与设计应用在相互联系之间发挥作用，这样项目设计定位的实际意义在 POP 广告设计中才能得到良好的体现。例如，某些餐饮品牌都能够将品牌定位概念转化为形象化的 POP 广告设计表现形式，并通过形象化的设计体现和表达出项目设计定位所要实现的整体目标。

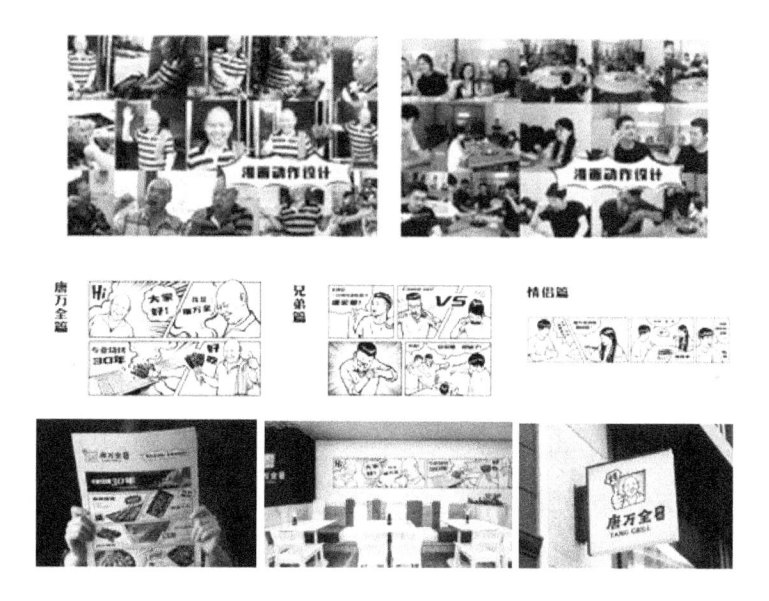

二、POP 广告设计计划书写作

POP 广告设计计划书是服务于具体的 POP 广告设计的，它既是项目设计的重要组成部分又是项目设计的基础工作，是为 POP 广告整体设计制订切实可行的实施计划服务的，是从策划的角度为 POP 广告整体设计提供比较详细的设计计划书，是在调查研究的基础上建立一个有依据、有内容和具有明确目标的系统计划。在这种情况下，设计计划书应该具有良好的程序化特征，条理要清晰，内容要充实，方向和目标要明确，对主要内容要进行详细描述，系统整合各方面内容，制订出易于执行和能够实际操作的 POP 广告设计计划书。

（一）计划书写作程序与方法

计划书写作是在围绕项目设计进行调查研究的基础上，根据市场调研与分析初步得出结论和方向性目标，设置计划书内容，并按照一定的写作程序与方法进一步丰富计划书的各项具体内容。

1. 计划书写作程序

计划书有其特有的规范和写作流程，基本程序包括：了解设计项目、确定计划书主题与目标、计划书环节分析、斟酌设计项目内容、设计创意与构想、内容设计计划与设计表现、制订具体实施计划、日程表安排和有关计划书反馈建议等。

①了解设计项目是为了了解企业的产品特点、明确市场销售定位和探讨以往的广告设计表现问题等。

②确定计划书主题与目标是在市场调研分析的基础上，制定计划书主题和所要达到的具体目标。

③计划书环节分析是根据项目设计特点和对整体内容的理解，对计划书结构进行合理的安排，环节之间相互连接，每一环节要有重点，并对环节内容进行认真分析。

④斟酌设计项目内容是对计划书所有内容进行斟酌，尤其是对设计主题与目标进行反复斟酌，以保障整个计划书的核心内容和基本方向的准确性。

⑤设计创意与构想是设计表现和应用的前奏，是整体POP广告设计的灵魂，突出的创意与构想将给予项目设计正确的指导，并能够取得良好的视觉效果和具体应用效果，在设计创意与构想方面应该进行细致的和形象化的描述。

⑥内容设计计划与设计表现是根据POP广告设计的整体需求设置的项目设计内容，一般包括POP广告设计应用的各个方面，要在对各自的应用功能与特点了解的基础上，制订具体的项目设计计划，罗列有关项目内容设计名称，并在相互配合和共同发挥作用的前提下明确项目设计目标。

⑦制订具体实施计划是指项目内容设计实施计划，并对项目设计所需人员、时间和进度做出合理的安排。

⑧日程表安排是指从接受项目设计到完成整体设计，根据客户要求和项目设计预期所需时间确定整体时限，其中包括调研分析、制订计划书和项目设计与整理三个主要环节的时间安排，以及每一环节所属具体内容的时间安排。

⑨有关计划书反馈建议是在制订计划书期间和完成之后，对计划书内容进行项目小组讨论或听取各方面意见，并根据反馈意见调整计划书内容。通过整个计

划书制订程序与过程，确保为项目设计提供一套结构严谨、适于操作的计划书。根据项目设计的特点和实际需要，也可以对整个程序进行适当的调整，并充实有关内容，以适应项目设计的实际需要。

2. 计划书写作方法

制订POP广告设计计划书要有整体意识，应根据设计课题协调有序地确定每一环节和具体内容。首先，制订计划书大纲，要求主要环节合理、相互连贯和具有良好的逻辑性；其次，进一步充实次要环节和具体内容，使之整体上符合计划书基本格式。有关计划书的题目、主要环节标题和小标题表达要准确清楚，能与具体内容直接相联系，使用恰当的概括性的语言进行表达。计划书语言表述应尽量简洁朴实，避免过分渲染和浮夸，具体内容部分要表达清楚和具有良好的逻辑性，主要内容部分要有比较详细的描述。

（二）计划书基本格式与具体内容

计划书包括基本格式与具体内容两个层面。计划书的基本格式是遵循项目实施的前后顺序进行安排的，是计划书写作应该遵循的一般格式；计划书具体内容是对整体主要环节进行确定，并对环节要点进行必要的阐述。

1. 计划书基本格式

计划书基本格式包括计划书封面、内容提要、目录、具体内容、项目预算、实施日程表、附加说明和有关资料等内容。

2. 计划书具体内容

计划书具体内容主要包括前言、市场调研与分析、广告诉求对象、整体设计主题、设计创意与表现、项目设计与内容、广告效果预测、整体预算计划、时间和人员安排等，并对每一环节内容提出具体要求。

（1）前言

前言主要是阐明整体设计目标、说明计划书环节构成、介绍主要实施方式与任务。

（2）市场调研与分析

其主要包括横向市场调研与分析和项目设计的纵向分析与研讨，对于能够影响项目设计的社会因素、经济环境、市场情况、消费者与产品和以往的广告设计进行调研分析，并提出项目设计的机会点。

（3）广告诉求对象

这主要是根据市场调研和项目设计纵向分析，将消费者定性和定量，以明确的广告诉求吸引消费者。

（4）整体设计主题

它主要是指POP广告设计特定的主题，应根据市场调研和机会点进一步确定整体设计的主题，运用简练的语言将整体设计主题高度概括出来，并做出进一步的分析和表述。

（5）设计创意与表现

这是一种具有形象化的基本概念，是POP广告具体项目设计的形式。设计创意与POP广告设计具有直接的联系。在这种情况下应该对设计创意进行概括和准确表述，对设计表现的问题也要结合应用情况进行详细描述。

（6）项目设计与内容

这是在设计主题和创意基础上，以组合策略制定项目设计内容，每一设计内容题目要具体，并将项目设计所需具体内容罗列出来，简要描述设计内容的主要功能与用途。

（7）广告效果预测

这主要是针对应用效果、视觉效果和消费者的理解与认识，从设计主题、设计创意和整体项目设计等方面，对整体POP广告预期效果进行分析和预测。

（8）整体预算计划

它包括市场调研费用、制订设计计划费用、POP广告设计费用、POP广告制作费用、人工费用、管理费用和机动使用费用等。

（9）时间和人员安排

时间安排包括从接收项目设计到完成的整体时限和项目设计每一环节所需时间的安排。人员安排是指项目设计主要负责人以及有关市场调研、设计创意、POP广告设计与制作所需人员的分工。

（三）形成设计计划书

计划书是对于一个项目设计的整体规划，包括项目设计所需各个环节与具体内容，每一环节又各自具有特定的主题和应该解决的实际问题。在这种情况下，计划书要相互连贯和前后呼应构成一个完整的系统，为一个特定目标和整体POP广告设计服务。在此基础上整理完成计划书，并且注意以下几个方面的问题。

1. 提炼环节标题

计划书每一环节都有其具体内容，并设有相应的环节标题。环节标题是对具体内容的高度概括，应该以简练的表述方式反映出每一环节的具体内容，标题概括要清晰、简练并具有良好的感召力，在整体上每一环节标题运用的表达方式要统一。

2.概括内容要点

每一环节之下都包含着主要应该解决的实际问题，在计划书写作方面主要问题要明确，有关内容要有层次感，并对主要解决的问题加以强调，根据主要内容归纳概括出其中的要点。

3.使用辅助插图

根据环节内容的具体需要，可以适当使用相关的插图或示意图，用于辅助说明或强调说明某些具体问题，如市场调研收集的图片资料、消费者调查分析图表、初步设计构想图、时间和人员安排表等。

4.语言表达统一

由于计划书包括许多环节与内容，在语言表达方面要注意整体的和谐性与统一性，语言表述要清晰和具有逻辑，使用标点符号要一致，在出现问题时要进行整体调整，避免凌乱现象的发生。

第二节　POP广告设计形态及表现

一、POP广告造型形态设计

造型形态是POP广告设计的基础内容，具有丰富的造型形式与变化，是POP广告设计的重要载体，良好的造型形态设计是整体设计的关键。从整体造型形态设计而言，可以将POP广告造型形态设计概括为平面形态设计和立体形态设计两种基本类别，这样有利于分门别类地进行探讨和细化具体内容，在此基础上根据POP广告应用功能需要确定造型形态设计形式，进一步探讨造型形态设计的过程与方法，为POP广告设计在平面形态和立体形态设计积累丰富的造型经验。

（一）平面形态设计

平面形态设计是指以各种平面基本形为基础进行的形态设计。平面基本形包括正方形、长方形、圆形、椭圆形、等边三角形、直角三角形和多边形等，平面形态设计是在平面基本形的基础上对外形处理、面形处理和折叠的造型与处理，并通过造型的过程了解和掌握平面形态设计，在平面形态方面为POP广告设计积累丰富的造型经验。

1. 外形造型与处理

外形造型与处理是指以某一种平面基本形为基础对平面外形进行造型设计与处理，主要是针对平面的角和边沿，运用切割方法进行形态设计。

（1）平面角的造型与处理

这主要是针对正方形、三角形和多边形平面的角进行各种造型处理，其中包括切割平面角和凸角造型。切割平面角又可分为凹形直角切割、凹形圆形切割、斜线切割和圆形切割等，也可按切割的比例大小和切割角形数量多少来划分，在特殊情况下或者根据实际需要也可以采用异型造型。凸角造型从整体上可以概括为凸出三角形、凸出圆形等，并在此基础上进行适当的变化，根据实际情况确定凸角造型比例大小和数量的多少。

（2）平面边沿的造型与处理

其主要是针对平面基本形边沿进行的各种造型处理，其中包括凹与凸两种造型处理方法。对平面边沿的凹凸造型处理也可以归纳为圆形和方形造型处理两大类，并在此基础上进行适当的变化，同时还要注意造型处理的位置、比例大小和数量的多少以及造型简洁单纯感等问题。在实际运用中，也可以将凹与凸两种造型处理方法并行使用。

2. 面形造型与处理

面形造型与处理是指以某一种平面基本形为基础，对平面面形进行各种造型处理，主要是采用镂空和凹凸方式在平面面形区域进行造型处理。因为平面面形

区域宽阔，也给予了充分的造型空间，所以在造型处理时应该注意形态、数量的多少与构图变化等有关问题。

（1）镂空的造型与处理

镂空造型主要包括镂空形态、形态的比例大小、不同形态的配合、形态数量的多少和构图等。镂空形态又可以概括为各种规范的基本形、异形和自然形态，形态的比例大小在表现效果方面也有明显的差别，不同形态的配合是指两种以上的形态相互配合，比较多的形态数量又可以排列成各种造型，并同时根据上述不同情况和实际需要对构图做出合理的安排。

（2）凹凸的造型与处理

凹凸造型是指在凹与凸相互作用条件下形成的一种浮雕造型方式，将其用于平面纸质上则具有特殊的造型效果。同时，对于凹和凸处理在造型效果方面又具有明显的差别，应根据造型形态和所需要的造型效果区别对待，以取得良好的造型效果和凸显主体造型形态为佳，平面字体、几何图形和自然图形都可以做凹凸处理。有关凹凸深浅也是影响造型效果的重要因素，凹凸深浅与造型形态、形态的大小、形态的数量和形态位置有着密切的关系，应视具体情况采用不同的凹凸深浅处理。

3.折叠造型与处理

折叠造型具有良好的层次感，是以纸张作为主要的造型材料，能够使单纯的平面形成一种趣味性的造型，折叠造型与方法直接联系，同时也可以结合插接方式探讨有关折叠造型问题。

（1）折叠造型与方法

平面展开形态与折叠造型是一个统一的整体，折叠造型的实际效果取决于平面展开形态样式和折叠方法。在折叠造型开始之前应该对平面展开形态所涉及的有关问题进行探讨，其中包括需要折叠的形状、形状的位置、形状的大小、形状的多少和折叠方向等，折叠的压痕线应根据折叠形状和整体设想进行确定。折叠造型一般以一个主要的面形为基础，并与所需折叠的形状相互配合，如果改变压痕线的方向将会产生不同的折叠效果，反复折叠造型处理则适用于比较薄的纸张。

（2）折叠造型与插接

折叠造型与插接是折叠造型与插接方法配合，运用插接切线固定折叠造型形态。其中插接切线的位置、切线的形状、切线的尺寸和切线的多少等，与需要折叠的形状及插接有关问题又是一种相辅相成的关系，对整体造型具有重要的影响，应根据折叠形状和整体设想确定使用插接切线，同时注意插接的牢固性和整体风格的统一。此外，切割与折叠方式直接相互配合，也是一种有趣味的表现形式，并能够取得良好的造型效果。

（二）立体形态设计

立体形态设计是指在对立体基本形态、形态要素和形态造型元素了解的基础上进一步展开的形态设计。立体基本形态包括立方体、柱体、锥体和简洁单纯的多面体，以及经过适当拉长或压扁作为造型的基本形态。形态要素是指立体形态的面、棱、角。形态造型元素包括面形、体块和杆件以及立体造型所必需的形态元素。立体形态设计主要是在了解和掌握上述基本形态的基础上，分别从形态造型、空间造型、结构造型和折叠结构四个方面，结合造型形式、设计规律与方法

分别探讨有关形态设计问题，从而为 POP 广告设计提供丰富的理论知识。同时，应特别注意有关应用材料与质感对立体形态设计一般也具有直接的影响。

1. 形态造型与处理

形态造型与处理是指对封闭形态的造型与处理，在基本形态结构的基础上分别对面、棱、角等不同的造型区域，运用适当的造型处理与方法获得所需要的造型。由于面、棱、角不同造型区域基本形态要素特征的差异，造型的处理与方法应用应根据实际情况区别对待，同时也应注意某一区域的造型与其他方面的相互影响。

（1）形态面形造型与处理

形态面形拥有宽阔的造型空间，所以可以对面形不同的部位进行各种造型处理，如凹凸造型处理和透空造型处理。也可以根据实际需要对不同方向的面形分别进行造型处理，但同时应注意面形与面形之间和谐的造型关系，面形造型处理在一般情况下不会改变基本形态的整体结构形式。

（2）形态棱角造型与处理

立体形态棱角一般具有较小的造型空间，根据实际情况可以采用凹角、凸角和切角的造型处理方法，在形态棱角造型处理方面还应注意整体造型的协调性。如果棱角造型比较大则将会改变基本形态的结构形式，并对整体造型产生重要影响。

（3）形态棱边造型与处理

立体形态棱边具有比较狭长的造型空间，在造型时可以根据具体需要对基本形态棱边的不同部位或整体进行造型处理，具体包括凸出棱边、凹棱和切割棱边造型处理。在对棱边采用不同的造型处理方法时，应注意整体造型的和谐关系，当棱边造型处理体量或面积较大时，将会改变基本形态结构和直接影响整体造型效果。

（4）综合形态造型与处理

综合形态造型与处理是对某一种基本形态同时运用两种或两种以上的方法进行造型处理。如形态面形与棱角造型处理、形态面形与棱边造型处理、形态棱角与棱边造型处理以及根据实际需要同时运用三种造型处理方法等。在这种情况下，应该着重注意造型的主次关系、造型方面的对比与统一关系以及不同区域造型的相互沟通关系，能够运用丰富的造型处理方法进一步构成具有明确基调和整体变化与统一相结合的造型。

（5）形态分割造型与处理

形态分割造型与处理是对某一基本形态从整体角度进行分割造型的处理，具体包括横向分割、竖向分割和斜向分割三种基本分割方法，同时还包含面形上切割、棱角处切割和棱边方向切割等。在对基本形态的整体分割与造型处理方面，还应掌握切割的深度、表面切割与深透切割技巧、切割的数量与比例问题等，通过形态分割或分离与组合，取得满意的造型效果。

2.空间造型与处理

空间造型与处理是指运用形态造型元素的面形、杆件和体块实施的空间造型与处理。在对形态造型元素处理方面，面形、杆件和体块也具有不同的处理与变化，如形态样式、大小、长短、厚薄以及弯曲、透空、凹凸和切割等处理。造型形式包括竖向造型、横向造型、透空造型和半透空造型等。就具体空间造型而言，一般是以事先确定的基本形态为基础，分别从面形空间造型与处理、杆件空间造

型与处理、体块空间造型与处理和综合形态空间造型与处理等方面，结合各种具体处理方法探讨空间造型效果。

（1）面形空间造型与处理

面形空间造型与处理就是运用面形形态所进行的空间造型与处理。空间造型与处理的形式主要包括竖向排列、水平排列、斜向排列、无序排列以及围绕结构方式产生的各种空间形式等，其中竖向面形形态的应用对空间造型效果更具有直接的影响。同时，应用材料的透明、半透明与非透明感，面形形态质感和厚薄，形态之间的空间大小、形态的表面透空处理等也会影响造型的空间感和整体造型效果。透明材料或松散的组合方式将会产生通透的造型感，厚重的面形形态或排列紧密的组合则可以呈现出封闭感造型。

（2）杆件空间造型与处理

杆件形态造型一般都具有通透的造型效果。杆件的形态、粗细比例、应用方式和组合方式等，都将会对整体造型和空间效果产生重要的影响，其中还包括杆件形态的长短和组合空间的大小，运用杆件组合易于形成框架式造型。运用比较粗的杆件形态，将会产生狭窄的空间感和厚重的造型效果；细长的杆件形态或松散的组合，则会产生通透的空间感。

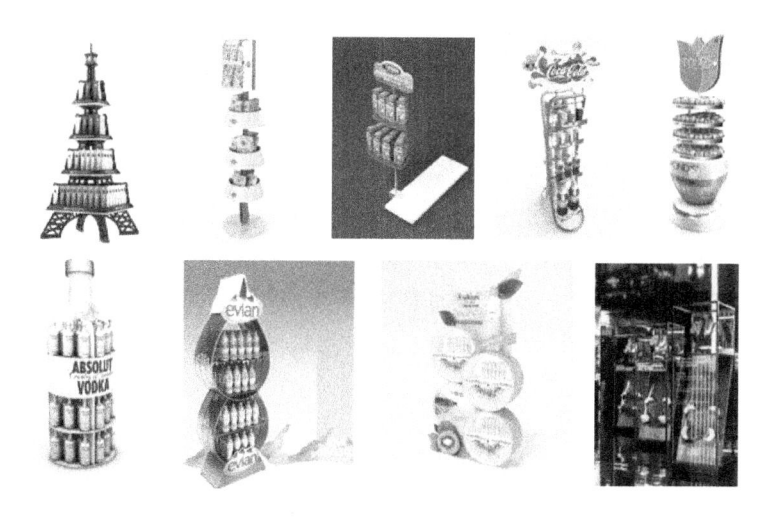

（3）体块空间造型与处理

体块空间造型包括独立的体块形态造型和体块形态组合造型，从整体上会产生突出的厚重感。独立体块形态造型是对某一种立体基本形态的空间处理，其中包括透空、凹凸和切割等造型方法。体块形态组合造型则是根据事先确定的基本形式运用各种组合方式取得空间造型效果，如横向排列组合、竖向排列组合、交错排列组合以及应用材料、形态排列空间和形态大小的组合等，都影响着整体空间造型效果。但从整体造型来说，体块空间造型一般都具有明显的体量感和相对封闭的空间效果。

（4）综合形态空间造型与处理

综合形态空间造型是面形形态、杆件形态和体块形态在空间造型方面的综合运用，其中包括面形与体块形态的组合、面形与杆件形态的组合、体块形态与杆件形态的组合以及三种形态的空间组合造型。在综合形态空间造型过程中，一般应以其中某一形态为主造型元素，尤其是三种形态在综合运用时更应该注意相互之间的主次关系和形态基调的一致性以及整体造型的协调性，避免由于形态的多样化造成混乱现象，并根据实际需要运用造型形态和形态组合，进一步确定基调、空间造型样式和整体风格。

3. 结构造型与处理

结构造型与处理是指在整体造型方面具有构造关系的结构造型与处理。在应用造型方面可以概括为具有突出力学原理的造型和连接结构的造型两种基本类型，通过结构造型与处理能够科学合理地运用材料和造型元素，充分体现具有技术性的造型特征。

（1）拉力与压力造型

拉力造型所使用的材料包括金属绳、尼龙绳和具有高强度的面料等软质材料。压力造型用材一般是指各种硬质材料，如杆件、面形、柱体和锥体等。通过拉力与压力探讨有关立体造型问题，首先根据预先构想运用硬质材料建立起一个具有支撑作用的造型，然后依据造型运用拉力材料做连接处理，进一步通过拉力与压力的相互作用构成整体造型。拉力与压力的造型一般具有突出的造型形式和宽阔的空间。在应用造型设计方面要根据实际所需，确定应用材料形态、体量和面积大小，以及材料的强度等，科学合理地运用材料特性，充分发挥出拉力与压力在整体造型方面的重要作用。

（2）连接结构造型

连接结构造型是指运用突出连接结构的方式取得的造型，一般应用于组合和易于拆装的造型形式，是通过连接结构及连接件对整体造型进行组合。连接结构造型涉及主体造型与连接结构两个部分，主体造型是根据预先构想确立的基本造型形态；连接结构是指连接主体形态的结构形式和连接构件。一般情况下主体造型是由两个以上的基本形态组成的，运用连接结构，将不同的结构构件构成一个整体。连接结构包括各种插接结构和各式各样的连接构件，不同的连接结构形态、连接方式和连接结构形式以及连接部位等，都会影响整体造型效果。通过启发造型的想象思维活动，利用突出的结构构件，更能进一步体现结构造型的特征。

4. 折叠结构与造型

这主要是指针对各种纸张材料运用折叠结构探讨有关立体造型问题，主要包括单纯的折叠结构与造型和折叠与插接结构相结合这两种基本类型。有关形态与折叠结构、形态大小与结构处理、纸张厚薄与结构处理关系等，是影响整体造型的关键因素，应该在探讨这些关系的基础上思考折叠结构和插接结构与造型的关系。

（1）纯折叠结构造型

这主要是指运用折叠结构方式或与切割方法相结合的形式来构成立体形态造型。纯折叠结构造型运用简洁的平面基本形和具有突出外形特征的平面形，通过简单的折叠构成立体形态造型，尤其是对具有外形特征的折叠造型效果更佳。如果将折叠造型与切割方法相结合，其整体造型效果则会更加丰富，并呈现突出的外形特征和良好的形态感。在具体造型方面，应根据预先设想的平面纸张形态、切割形态、切割区域以及折叠结构的大小与整体造型的相互联系等，充分体现出纸张材质的特点，并注意整体造型的牢固性，可适当地使用结构辅助方法。

（2）插接结构造型

这主要是指运用插接结构和折叠结构相结合构成的立体形态造型，属于一种应用性很强的结构设计。插接结构造型与折叠结构的形态处理有着紧密的联系，在实施插接之前应根据预先构想确定整体造型形态，在此基础上明确所需插接的形态、插接结构形态、插接部位和插接方式，并利用其他辅助材料与方法，从整体上协调好各方面的关系。要取得良好的造型效果，还应注意整体造型的外形特征和插接部位的形态处理，突出插接结构的特点，同时注重插接的细节处理，以进一步增强整体造型的牢固性。

二、POP 广告设计表现

POP 广告设计表现属于设计内容与整体感觉的范畴，同时也包括设计应用功能的针对性和设计艺术的表现性。POP 广告设计表现应根据设计项目、商品促销主题和设计定位等要求，调动各方面的造型元素与设计方法，在分析与掌握 POP 广告项目应用功能的基础上，以准确的设计表现形式解决实际问题，进一步准确地传达有关商品信息，从而实现服务于商品促销的目标。POP 广告设计表现具体包括：视觉形态元素与表现、视觉色彩应用与表现和有关形式法则与表现等。

（一）视觉形态元素与表现

基本视觉形态元素可以整体概括为图形设计、字体编排和色彩要点三项基本内容，可结合项目设计内容探讨视觉形态元素与表现问题。在 POP 广告设计过程中，视觉形态元素的应用与 POP 广告项目内容是相辅相成的，应根据整体设计的需求，运用有关元素，恰当地使用创意性表现手法，把良好的图形设计能力、字体处理能力和丰富的色彩知识与经验应用于 POP 广告设计之中。每一项基本知识

内容在具体表现方面分别具有各自不同的规律和特点，还应该将图形与文字联系在一起探讨视觉形态元素与有关设计方面的表现。

1. 图形设计应用

图形是 POP 广告设计的核心元素之一，具有丰富的造型形式与表现方法，并可以具体概括为具象图形、抽象图形、混合图形三种基本类型。

（1）具象图形

它能够比较真实地反映自然事物，具有易于进行视觉解读的特点，其中包括写实、简化和变形三种基本表现形式。写实表现形式一般是指通过摄影或运用各种表现技法绘制写实图像；简化表现形式是运用各种表现方法对造型的概括和提炼，达到图像的平面化，主要目的是传达重要的视觉信息；变形表现形式主要是运用不同的造型方法对预先确定的形态进行变形处理，它是以夸张形态为主要特点、以强调表现意图为目的的图像形式。同时，由于具象图形表现风格与丰富的造型方法直接相互联系，因而应该根据风格表现的不同，采用适当的造型形式与方法。

（2）抽象图形

其包括几何图形和自由形态的图形两种基本表现形式，是指无法明确指认的具象形态。在造型方面一般是通过抽象绘画和运用构成原理获得所需要的图形，其中也包含着丰富的表现形式与方法。几何图形比较多地反映出理性感和造型的

逻辑性，而自由形态的图形则更倾向于感性化。因这两种基本表现形式具有明显的差别，在设计应用方面也应该区别对待。

（3）混合图形

它主要是利用超现实主义观念和表现手法，以组合拼贴方法进行综合处理的图形表现。在造型方面一般是以两种以上的形态进行拼贴和有机组合，并反映出明确的表现意图，以明显的拼贴痕迹创造出特殊的图像效果和加强视觉方面的表现力。在拼贴组合方面以合理表达某种意图或主题为目标，避免一味地追求形式与方法。

图形是POP广告设计中的重要元素，主要包括主体图形、标志图形和辅助图形等。在图形应用方面主要是根据整体设计定位，确定表现风格和使用恰当的表现方法。主体图形是指能够表达商品促销主题和内容的图形表现形式，尤其是突出的创意图形更会对整体设计效果产生直接影响，从而主导POP广告整体设计表现。标志图形是企业或产品固定使用的标识形象的代表，一般运用简洁的处理方式伴随整体设计的各个细节进行处理，有关形象化的POP广告设计都是将标志图形置于显著位置。辅助图形具有丰富的造型形式和表现技巧，一般用于进一步丰富整体设计效果。

每一种图形都具有各自的特点和基本用途，应根据图形的作用与价值，以及不同项目设计内容恰当合理地使用各种图形，能够将主要图形贯穿于每一项目设计内容的始终，保持整体设计形象化的统一与协调，以简洁明确的图形和良好应用方式清晰地传达有关商品信息。

2. 字体编排应用

文字是POP广告设计不可或缺的重要视觉内容。在传达具体视觉信息的基础上，良好的字体设计与文字编排将会有效地提高阅读效果，并能够在此基础上，超越文字本来的意义而进一步提高视觉方面的感召力。虽然有上百种字体供选择和使用，但POP广告设计中所需的重要字体内容、有关标题、字体图形等，还是有必要进行专门的设计的，这样才能够满足设计表现方面的需要。

运用字体设计基本知识与方法，结合实际应用情况对所需文字内容进行专门设计，可将字体概括划分为中文字、字母和数字三种基本类型。并通过寓意、象形、夸张、变形、组合等方法体现出字体表现与造型风格，突出字体造型特点。同时，各种字体造型与表现还必须遵循易读性的整体设计原则。

文字编排是为了更加合理有效地传达具体信息，以良好的编排形式和方法提升设计表现力，并进一步提高对信息的传播功能。文字编排虽然拥有可以参考的各种基本格式，如左对齐、右对齐、竖向排列、横向排列等。但根据实际需要也有必要进行专门的编排设计，运用版式设计基本知识与方法以及有关设计原理和构成原理，并结合其他辅助手段，在字体编排中突出重点内容，以达到强化排列形式和文字内容的整体表现力的目的，将文字编排作为设计的重要视觉元素，通过具有特点的编排形式提升文字本身所具有的价值。

在POP广告设计中字体编排的应用已经不是单纯地传达具体的文字内容，而应该是根据项目设计整体的需要，将字体和文字编排作为重要视觉元素统筹安排和进行统一设计，进一步提高字体编排在表现力和实际应用上的价值。有关字体编排，一般是将商品名称、企业名称和广告语言以及特殊促销优惠等文字内容，作为POP广告设计的重要内容，这也是商品促销活动中必须具备的主要信息内容，并把有关文字信息放在突出位置，进行特殊的表现与处理。在这种情况下，突出的字体造型与编排对整体设计效果将产生重要影响，应根据商品促销主题和项目

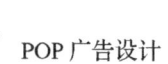

设计的实际需要，对每一项主要信息内容进行主次关系排序，通过字体的大小、不同位置、排列方式和造型与表现等，主观强调各项信息内容使其视觉次序化，能够侧重于表现某一方面的主要内容与POP广告设计应用要求相一致。

利用比较多的文字内容详细介绍商品性能、主要特点和使用方式等，是在POP广告有关项目设计中必须做到的，尤其是以文字为主体的项目设计，其内容更应该注重字体的应用与编排和整体版式设计。应该根据项目设计实际需要，了解和掌握有关文字内容和主次关系，对字体、字号、间距与行距以及版面形式进行合理有序的安排。在特殊情况下，也可以强调字体编排形式，特别强调主要文字内容和标题的编排，这往往更有助于传达相关信息和强化主题内容，从而进一步提升整体设计效果。

（二）视觉色彩应用与表现

在色彩基础知识中介绍了色相环，可运用色相环制订所需色调应用计划，如色彩调和与对比色彩的应用、色彩明暗变化、色彩的高调与低调以及微妙的色彩处理与变化等。

1. 色调的问题

色彩面积的比例大小对色调和色彩产生的效果具有直接的影响。较大面积的色彩和色相明确的色彩将会对整体色调产生支配效应，并能进一步明确色调和取得稳定的整体色彩效果。

2. 色彩与调整

应理解和运用色彩要素，掌握色彩的色相、明度和纯度三种基本属性，对其做出适当的调整，进一步处理和把握整体色彩效果。根据实际需要对色彩属性做恰当的调整，如以减弱纯度和提高明度使对比色彩转化为具有柔和感的色彩，也可以降低色彩的明度等，这些都是视觉色彩应用中经常使用的具体方法。

3. 色彩与无色系

无色系也是视觉色彩应用的重要内容，无色系应用是指单纯地运用无色系，包括黑、白、金、银色应用以及深浅关系的处理等，此种处理方法易于掌握和取得和谐的整体效果。同时，无色系与色彩相互配合使用效果更佳，以无色系为主的相互配合使用或以色彩为主的相互配合使用也是探讨色彩关系的重要内容之一。

4. 色彩与装饰

在确立整体色调的基础上，对整体设计中的部分项目设计内容也可以适当采用特殊的色彩或装饰化处理，如促销活动中使用的纪念性礼品、文化性赠品和各种精致卡片等，为了取得突出效果往往都采用特殊工艺和表现方式处理，这样使之更具趣味性，也进一步提升了有关设计的价值。

在POP广告设计中，色彩的应用即图形、辅助图形、字体、版面和材料与有关技巧相互配合，从整体上体现主题的表达意图，用突出的色彩表现力去支配整体设计效果。色彩的应用与表现不是孤立存在的，在实际设计过程中也不应该单纯地看待色彩效果。所以，色彩应用与表现应该参照以往制定的色彩规范，结合项目设计内容和POP广告应用特点进行探讨，在突出强调主色调的基础上，根据项目设计功能与内容对色彩各个方面的关系和处理效果进行适当调整，并能够将事先确定的基础色调贯穿于整体设计的始终，体现色彩应用的形象价值和实际作用以及色彩对商品促销的影响力。

（三）有关形式法则与表现

在POP广告设计中如果要获得良好的设计效果，还应该掌握有关形式法则。形式法则包括变化与统一、对称与均衡、对比与调和、节奏与韵律、比例与美感等内容。结合POP广告项目设计实际内容探讨有关形式法则与表现，可从应用设计包含的立体形态和平面形态两个基本层面，进一步理解和运用有关形式法则。

1. 变化与统一

这是指造型形式美感的总体法则，是运用对立与统一原理合理统筹支配项目设计所需的各方面内容，以取得变化与统一的和谐效果为主要目的。变化与统一也是艺术表现力的重要特征之一，是运用智慧和想象力对变化的造型进行整合，如大与小、长与短、方与圆、多与少、黑与白、色彩对比变化以及各种表现技巧的变化等。运用变化与统一形式法则，就是根据设计表现的需要，从整体上不断地丰富造型感觉，并对设计艺术效果和表现形式进行正确的解读，以明确的对比变化或以协调统一的主要基调，取得良好的整体效果。

2. 对称与均衡

这主要是指运用对称与均衡的关系设计有关构图的基本形式和造型。对称是指以轴心为基础的左右对称、上下对称、倾斜对称、中心放射和聚集以及按照对称的构图形式采用的各种处理方式等，以对称的构图形式和明确的秩序产生庄重、严谨和稳定感。均衡一般是指非对称构图所遵循的原则和规律，包含着丰富的构图形式与方法，可以取得在整体构图或造型上的平衡感和动感效果。对称与均衡也是相互关系和相互作用的，如以对称的构图形式通过对局部的改变，将可以取得良好的均衡效果；或在具有明显对称倾向的均衡构图中，根据实际需要灵活地运用对称与均衡关系，掌握其中的规律和要点，使整体构图和造型更具丰富性。

3. 对比与调和

对比是对差异性的一种强调，是由对立的两方面相互比较之下所产生的大小、强弱、疏密、高低、远近、硬软、轻重、曲直、动静等各种差异性关系以及色彩方面的变化等。调和是指安定、统一、和谐的关系，它强调和体现各方面造型要素的同一性。调和也包含着对对比和差异性关系的处理，显示出对比与调和的主从关系和变化中的统一性，如在整体调和基础上的局部对比、以对比为主的局部调和以及灵活运用对比与调和的相互关系等处理，均可在整体设计中进一步体现出对比与调和的作用与价值。

4. 节奏与韵律

节奏与韵律是指把音乐中的概念运用于造型艺术领域。节奏是指条理性和秩序感，是一种具有律动的形式，不同的排列秩序将产生各式各样的节奏感。韵律是节奏中的变化和节奏之间的连接，它使单纯的节奏更丰满和使变化更具丰富性。在设计中强调节奏感会呈现清晰单纯的整体效果，而以韵律为主将会突出情调与优美效果。两者是相互依存的关系，仅仅是根据实际需要在造型过程中强调不同的侧重面。

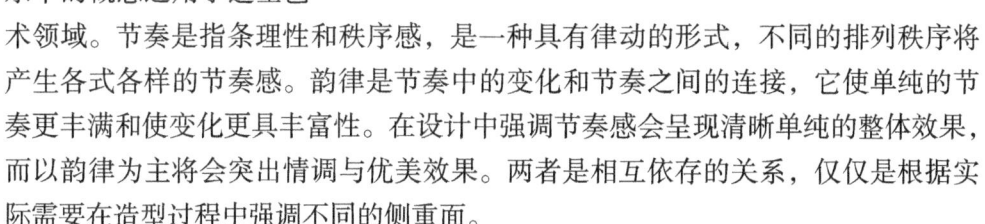

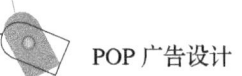

5. 比例与美感

运用比例与美感是艺术造型领域关注的重要内容，对设计效果和造型整体感觉都具有重要的影响。在应用方面，比例包括宽窄比例、阶段比例、形态之间的比例、构图运用的比例和整体与局部的比例等。比例美是指运用尺度比率掌握和处理这一抽象化的艺术形式，探讨有关设计和造型的关系问题。一般情况下运用"黄金比"能够获得最大限度的整体适度感，但根据实际需要也可以采用夸张的比例关系进一步取得特殊的视觉效果，并将比例关系对整体的控制作用运用于设计和造型的过程之中。

第三节 POP 广告设计制作程序

整体 POP 广告设计包括各个方面的具体内容，是针对某一设计项目的各种应用功能而进行的设计，属于具有明确目标和实际应用价值的系统化设计，并能够提交一份完整规范的 POP 广告整体设计方案。因此，POP 广告设计制作程序也是为提交一个整体设计方案而做准备，并根据整体需要做好设计前期准备、进行市场调查与分析、制订项目设计计划书、实施 POP 广告设计表现和设计制作、进一步提出整体设计方案等。整体设计是有根据、有条理、有计划的设计，协调有序将贯穿整体设计过程。

第二章　POP广告的计划与制作

POP 广告设计制作不仅是设计方法的具体体现，也是运用设计方法所包含的造型与形态设计、设计表现、有关 POP 广告设计要点进行进一步的设计与制作，并通过设计制作不断深化设计方法。同时还应该了解并掌握 POP 广告的应用功能与表现形式，POP 广告设计制作主要涵盖设计程序和制作程序两个层面，具体包括制定项目设计程序、确定设计的应用元素、实施具体的制作过程等，再按照一定的规范和具体要求提交整体设计方案。由于每个项目设计的需求不同，在设计制作程序和具体内容方面也会有所差别，应该运用设计制作程序基本规律并根据实际需要设计与制作程序。

一、POP 广告的应用功能与表现形式

这主要是指 POP 广告在应用方面必须具有的各种功能及需要采用的表现形式。POP 广告设计包含着丰富的内容，其中各种项目内容都具有特定的应用功能与丰富的表现形式，具体体现不同的作用与价值。所以，在设计之前应该对 POP 广告的各种应用功能尽量多了解一些，并对其进行划分，进一步了解项目设计内容与应用功能之间的关系，以及应用功能与表现形式的关系，以便运用良好的应用功能

与表现形式适用于POP广告各方面的需要。POP广告的应用功能主要涵盖了信息传播功能、商品销售功能和产品展示功能三项，每一项应用功能又都具有不同的侧重面，所以应该针对具体项目设计内容对功能的要求，采用最适当的表现形式去实现。

（一）信息传播功能与表现形式

信息传播功能是POP广告的重要功能之一，主要涵盖了告知商品信息、激发消费动机和传播品牌形象等功能，通常又将信息传播功能划分为主题性信息传播和辅助性信息传播两个不同的侧重面，其具体的表现形式也会存在明显的差别。香港日式百货商城崇光百货（SOGO）30周年视觉形象设计，包含30周年标志、吉祥物和一系列视觉衍生品设计。吉祥物可以广泛应用于不同的平台，崇光百货30周年视觉形象设计创建了一套独特的吉祥物，将其作为整个庆祝活动的主要特征应用于不同的场所，并且为客户开发了数量众多的特殊的纪念品，以维持信息传播的广泛性与持久性。

1. 主题性信息传播功能与表现形式

传达各种商品信息是POP广告的主要功能之一。主题性信息传播功能与表现形式是指运用视觉语言传播有关商品信息，主要包括图像、文字和色彩等；运用各种表现形式传达商品促销有关信息，如商品促销说明书、宣传卡、展示卡、吊挂POP广告，商品招贴，有关灯箱广告，电视促销广告，牌匾以及各种手绘POP广告等基本表现形式。在POP广告设计方面，还应根据品牌特征和商品特性，对各种不同的表现形式分别进行专门设计，以自身的形象特征和整体性传达有关商品所包含的各项信息内容，包括品牌、广告语、主体形象、说明图以及详尽的商品介绍、使用说明和注意事项等。应进一步探讨具体内容与表现形式的各种关系，从而运用恰当的表现形式传播有关视觉信息。尤其是以新产品上市和节日庆典为主题的有关内容信息，对表现形式更具有特殊要求，其POP广告设计的想象空间也更加丰富。应根据特定的促销活动主题对各项内容与表现形式进行系统设计，以阶段性集中的广告优势和丰富多彩的表现形式，进一步提升消费者对品牌和商品的认知度。

2. 辅助性信息传播功能与表现形式

这是指信息传播与其他应用功能相互结合的表现形式，如信息传播与商品陈列（展示）相结合、礼品赠送与信息传播相结合等，通过各种不同的具体形式如陈列台、陈列架、展示台以及适当的礼品赠送等，与商品直接相联系。一般都以立体形态的POP广告居多。在这种情况下，应根据实际需要提供相应的视觉信息

内容，思考视觉信息内容占有的整体空间比例和位置，依照整体设计需要安排有关信息内容，使视觉信息与商品构成和谐的统一体，这样整体表现形式将会更加饱满，从而进一步提升顾客对商品的认知能力。

（二）商品销售功能与表现形式

体现商品销售功能是现代POP广告设计的主要内容，是商业环境中不可或缺的一种POP广告形式，对商品经营活动具有至关重要的促进作用，在设计与应用方面备受生产企业和经销商的关注和重视。在应用方面一般是以立体形态的POP广告为主，并具有各式各样的表现形式，使商品陈列与视觉信息内容相结合构成一个和谐的整体。

1. 立体性商品销售功能与表现形式

这是指以商品销售为主要目的的立体形态的POP广告形式。在设计和表现形式方面，以陈列商品为主要目的，与品牌形象和商品特征直接相联系。基本应用表现形式主要包括各种商品陈列台和陈列架等，一般根据实际需要也可以将其划分为不同的应用表现形式，如竖向式、横向式、落地式、台式、挂式等。在空间造型方面包括形态造型、框架空间造型、半透明造型等。根据应用环境又可以将造型划分为多方位造型、依靠立面的造型、拐角处的造型等。根据商品形态、特殊陈列要求、陈列方式、陈列的数量等，应考虑POP广告的尺度大小、比例关系、表现形式以及应用材料的选择和牢固性等。

在以商品销售为主要目的的POP广告表现形式方面，企业和经销商的特定形象是影响应用表现形式与风格的重要因素。在设计方面应该以企业形象为主导，结合各种实际情况和需要，选择最佳的表现形式和造型风格，同时将有关视觉信息内容与商品陈列相互结合构成一个整体。这一类POP广告普遍应用于大型超市、专卖店、大型商场的专卖区、小型零售商店等，以积极主动的方式有效提高商品促销能力。

2. 辅助性商品销售功能与表现形式

这是指消费者可以直接接触商品、体验商品的一种POP广告形式，包括台式POP广告、包装式POP广告以及能够陈设商品的各种POP广告形式。其造型一般趋向小型化，用于陈设较少商品或系列商品，并将商品放置于柜台上为消费者提供近距离接触和体验商品的机会，使其能够进一步了解商品和直接感受商品，尽量减少对商品的疑虑，提高对所需商品的整体认知度，这是以一种积极主动的方式配合商品销售。这种辅助性商品销售的小型化POP广告形式，一般适用于不宜开架的小型化和贵重商品的陈设，如化妆品、手机、手表、眼镜以及各种饰品等。此种POP广告形式需根据企业形象特点、商品特性、商品外形特征、商品陈设数量与有关视觉信息内容相结合，打造造型形式和整体设计风格。

（三）产品展示功能与表现形式

这是指新产品上市之前运用具有展示功能的各种POP广告形式，一般是放置于商场专卖区、专卖店和各种销售环境突出的位置，以增大与原有商品和促销环境的直接联系。它在整体上具有提前预告新商品上市的作用，在造型形式和展示方式方面也具有丰富的变化，有展示大型商品、小型商品和特殊商品之分。应该根据顾客对产品的了解和特定需求，专门进行展示方式的POP广告设计，从整体上体现POP广告的特征，进一步把企业形象和新产品优势都体现出来。为了取得良好的新

产品展示效果，还应该归纳新产品推广主题、新产品性能特点、新产品外貌特征以及有关技术优势，以平面视觉信息内容与产品展示相互配合，为消费者提供更加详尽的信息，使其更多地了解新产品，从而使POP广告设计以完善的信息内容与传播方式、突出的设计风格与表现形式，共同达成和谐一致的目标，共同预告新产品上市。

（四）手绘POP广告功能与运用

手绘POP广告是一种常见的促销应用形式，一般较多地运用于大型超市或各式各样的商品促销活动中。其基本表现形式也十分丰富，如以折扣或价格为主要诉求点、新产品上市、节假日促销和周年促销所使用的POP广告等。手绘POP广告设计的大小和基本形态也各有不同，这一广告形式一般放置于商品陈列区域、橱窗、商店入口或比较突出的位置使用，在描绘制作和应用方面都属于一种比较灵活的POP广告形式，也可以采用各种描绘工具来制作。

二、制定整体设计程序

由于POP广告项目设计内容和应用功能的不同，在设计方面包含诸多应用元素，所以需要协调项目各方面内容之间的关系。所以在项目设计之前，应该制定出相应的整体设计程序，根据项目设计内容划分主要设计阶段，进一步掌握每一阶段包含的具体设计内容，依照整体设计内容与程序，分门别类地做好每一阶段的设计准备，并通过程序化的安排协调各方面的复杂关系，进一步有条不紊地掌握整体设计进程。

（一）主要设计阶段划分

这是指根据项目设计内容按照一定顺序划分不同的设计阶段，包括市场调研和选择设计项目阶段、设计计划书制作阶段、项目内容设计阶段、整理和撰写设计说明阶段等。还要根据整体设计安排探讨每一阶段内容，明确各个阶段的要点和应该解决的实际问题，掌握每一阶段具体设计内容，为后续阶段奠定良好的基础。

在项目设计之前进行主要设计阶段划分，也是为明确整体设计的主要内容做好相应的准备，从整体上可概括为基础准备和设计准备两项。基础准备包括市场调研、选择设计项目、制订项目计划书；设计准备是指确定设计项目内容、明确设计定位和设计创意、掌握有关设计元素和设计表现方法以及有关设计制作规范等。所以要按照阶段性内容合理地分配时间和掌握整体进度，并拟订整体进度表。

（二）阶段具体设计内容与要点

项目设计在每一阶段都包含一定的具体设计内容和需要重点解决的实际问题，要根据每一阶段的特点，强调要点，提出具体要求，做好有关资料的准备工作。

1. 市场调研与选择设计项目

市场调研包括确定考察方向与内容、拟订考察方法、收集现场有关资料以及结合个人感受对有关资料进行分析探讨，并对项目设计相关问题做出初步判断等。选择设计项目是建立于市场调研基础之上的，应该结合实际需要和热点问题选择设计项目，如新产品上市、季节性商品促销、各种节日和庆典活动等，并根据各种类型商品促销的需要进一步明确设计项目目标。市场调研与选择设计项目是相互关联的两方面。在明确设计项目目标后要有针对性地进行市场调研，或者根据市场调研情况确定项目设计内容，也可以根据实际需要将两方面交替进行。

2. 制订项目计划书

计划书是整体设计的关键环节，制订计划书主要包括市场调研与分析、主题与创意的整体设计、项目内容设计与表现、广告效果预测、整体预算计划、人员和整体时间安排等，其中贯穿着丰富的知识内容和具体方法。从整体上按照计划书写作程序、根据计划书写作方法和要求制订项目设计计划书，并把宏观内容与具体设计内容相互结合，才能有依据、目的明确、协调有序地开展项目设计。

3. 确定设计项目内容

这是依照项目设计实际情况和要求确定其中的项目内容。这些内容包括企业形象、产品特征、本次商品促销主题、有关设计创意与表现、对POP广告实际应用需求和销售环境的思考等。设计项目内容可以划分为平面POP广告设计和立体POP广告设计两种基本形态类型的设计内容，也可划分为销售外部环境和销售内部环境两种基本应用环境所需的设计内容。在材料与技术方面可以进一步划分为运用纸质品、硬质材料、软质材料以及有机材料和有关先进技术的POP广告设计内容等。

应根据上述情况和项目设计实际需要，具体制订出整体项目内容设计计划，以整体化、系统化的思维方式将各个方面的内容串联起来，做到根据项目设计需求实现平面与立体统一、内外商业环境统一、各种应用材料与工艺技术统一，进一步确定具体项目设计内容。

4. 整理和撰写设计说明

整理包括评估整体项目设计内容是否欠缺、每一项内容的主要形式与应用功能是否得以强调、设计所需具体内容是否缺失、表现形式是否完整、整体风格是否统一等，对存在的问题进行适当调整，并且从宏观的角度统一进行设计表现。撰写设计说明包括项目内容设计说明和整体设计说明两个方面。项目内容设计说明包括依照各项内容设计功能、应用范围、尺度大小、设计特点和应用材料工艺等，简要撰写设计说明；整体设计说明包括项目设计完成情况、整体设计定位和创意表现、所达到的预期目标等几个主要环节，并根据每一环节的需要适当细化其中具体的说明内容。

三、确定项目设计应用元素

项目设计具有内容的多样性和应用元素的复杂性等特点，并且与整体设计直接相关联，在展开项目设计之前应该将所使用的主要元素比较明确全面地制定出来。在这种情况下，首先要了解并掌握项目设计的整体特征，熟知设计项目中的具体内容，根据实际要求将设计应用元素分为基本应用元素和特定应用元素，在展开设计之前做好各个方面的设计应用元素准备。

（一）基本应用元素准备

这是指根据项目设计定位和设计应用功能预先确定基本应用元素，主要包括能够适用于项目设计各个方面的材料应用元素和与此相关的技术应用元素。

1. 材料应用元素

它具体包括纸质材料、纺织材料、木质材料、金属材料和有机材料等，同时

要对每一类材料的固有质感、效果处理和形态问题有准确的把握。对特殊应用功能所需的应用材料也应该有所了解，便于区分不同内容设计所使用的材料的差别，根据实际需要有针对性地做好应用材料准备。在材料应用元素中，还存在平面形态材料和立体形态材料方面的差异，如各种纸质材料和纺织材料都适合做平面形态材料，而木质材料、金属材料和各种有机材料中则包含着既可做立体形态的型材又可做平面形态的型材，同时要了解各种丰富的形态类型和材料的特性，以便在设计和制作中熟练选择使用。POP广告造型形态与材料特性在实际应用方面也存在着很大的差别，应该将应用材料问题与每一种应用功能的设计相联系，分门别类地做好项目内容设计应用材料准备。

2.技术应用元素

这具体包括印刷技术、计算机处理与打印技术、材料处理技术、结构处理技术以及应用计算机软件处理效果技术等。技术应用与材料特性直接相联系，技术和材料的应用与表现效果又有密切的关系，因此在设计之前应根据应用材料所要达到的预期效果，掌握和运用相应的技术，根据整体设计需要选择恰当的应用材料、有关的制作技术和相应的表现处理手段。

（二）特定应用元素准备

这是指根据项目设计需要特定的和必须具备的视觉应用元素，主要包括以往设计规范中的应用元素和本项目设计规范中的应用元素。

1.以往设计规范中的应用元素

在制定项目设计规范之前，应该了解企业以往设计规范和其他广告表现形式中使用过的主要元素，如企业制定的标志设计规范、应用字体规范、色彩规范和版式设计规范等，以往广告主题语、主要图形、辅助图形、色调、创意与表现效果等。对以往广告表现形式和有关设计规范的了解，可以作为制定本项目设计规范的参考依据。

2.本项目设计规范中的应用元素

应该根据项目设计定位、参考以往设计规范和其他广告表现形式，制定出本项目设计规范中和准备使用的应用元素。具体包括产品标志或企业标志、主要创意图形、主要产品形态、产品包装、字体应用规范、构图基本形式和表现技法等。运用项目设计规范和特定应用元素统筹各项设计内容，有利于确保整体设计方向的统一和整体效果的协调整体，并在变化中取得与以往广告设计效果和整体企业形象的连续性。

四、项目设计制作过程

项目设计制作过程主要涵盖整体设计过程和整体制作过程两个层面的基本内容。每一层面又具有各自的侧重点和不同的实际内容，在进一步的实施过程中也应该区别对待，并按照一定规律和实际情况进一步明确具体内容和设计制作步骤。关注具体内容的相互联系，重视应用元素的相互配合，注重设计表现的重要性以及有关细节处理对整体设计产生的影响。在整体操作过程中发挥想象力，创造性地处理好各项具体内容与其他方面的关系，为提交整体设计方案做好充分的准备。

（一）整体设计过程

这是指整体设计的一般流程，主要包括构思设计草图、调整设计方案、整体设计定稿三个基本阶段。每一阶段都分别有各自的要点和应该解决的实际问题，要求内容前后连贯且具有整体性，在整体项目设计定位的前提下，掌握所需设计的应用元素。

1. 构思设计草图

（1）初步设计草图

构思设计草图的首要任务是将项目设计定位及表现形式初步形象化。初步设计草图时可以选择少量的项目内容，通过草图反复思考项目设计定位与表现形式的关系，表现形式对项目设计定位的体现是否恰当，在运用设计元素、整体构图和表现技巧方面是否合理，整体设计是否具有突出的特点、是否符合实际的良好创意效果等。通过反复斟酌设计草图和不断优化所涉及的各个方面内容，进一步明确基本表现形式和整体设计的发展方向，在表现形式与风格方面为各个项目设计奠定良好的基础。

（2）内容设计草图

内容设计草图是根据项目的具体设计内容进行草图构思，是在明确表现形式和表现风格基础之上具有针对性的一种形象化设计。由于每一项目内容都有相应的应用功能、设计应用元素和主要细节，在设计方面也都具有不同侧重面和需要重点解决的实际问题，基本的表现形式也存在根本的差别。所以，项目内容设计应该在掌握每一种应用功能的基础之上进行草图构思，运用恰当的表现形式、融入有关细节以及正确地使用有关设计元素和强调主题内容，运用草图构思方式将每一项目内容的应用功能和特点表现出来，并反复斟酌项目内容与表现形式的关系，对设计草图进行深入的刻画，对不易表达的有关细节做好文字说明。

2. 调整设计方案

这主要是从整体的角度对项目设计草图进行调整，以避免整体设计的盲目性和不协调。在调整设计方案的过程中，应该重新审视整体设计定位与设计表现问题，在此基础上检查项目内容的表现形式与应用功能的关系是否明确、具体内容是否全面、主题内容是否突出、是否具有良好的表现形式和表现效果、整体表现风格是否统一、整体项目设计内容是否全面等。并通过草图对每一项设计进行适当调整，并从各个方面深化整体设计方案，补充缺失的项目内容和有关具体内容，通过调整，才能从项目设计定位的角度形成一套比较完善的整体设计构思方案。

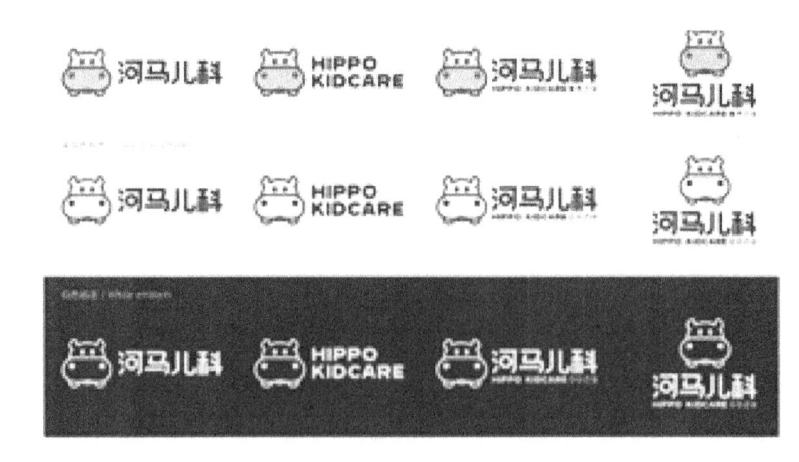

3. 整体设计定稿

这属于整体设计构思的最后阶段，是对所有项目设计内容进行系统的整理，重新审视上述各个方面的问题。在不断调整设计方案的过程中，每一项内容的设计尺寸、表现形式和相关细节应该更加具体化，并同时做好色彩效果处理、表现技巧等方面的准备。对整体设计方案做到心中有数，对不易表现的地方和应用元素进行文字说明，调整后的设计方案要能够达到实际设计制作的要求。

最后，设计构思是"无中生有"的转换过程，是将设计基本概念转化为具体表现形式的思考过程，集中体现着整体设计能力和创作能力以及对POP广告设计的理解。因此，在整体设计过程中，应根据构思设计草图、调整设计方案、整体设计定稿各阶段主要解决的实际问题，适时开展分析与研讨，提出建议，并根据实际情况研究与借鉴其他优秀作品设计，结合POP广告设计有关理论分析设计过程中出现的问题。在运用各种方式不断促进创造性思维发展的情况下，把项目设计定位和基本概念转化为POP广告设计表现形式。

（二）整体制作过程

这主要包括项目设计效果图制作、项目设计平面图制作、样品模型制作三项基本内容，并根据每一项基本内容的具体情况提出有关制作规范与要求。

1. 项目设计效果图制作

项目设计效果图制作从整体上涵盖了平面形态POP广告和立体形态POP广告两种类型的制作。两种类型的POP广告有关设计效果图制作方式和呈现出的整体效果也存在着根本差别，制作要求也有所不同。对两种类型的设计方案在制作方面应该区别对待，尤其是立体形态POP广告设计效果图制作，更应依照一定的制作程序进行效果图设计。

（1）平面形态POP广告设计效果图

在目前条件下，一般采用计算机和各种应用软件，依照平面设计制作程序制作效果图。在特殊情况下，也可以根据需要运用手绘的方式制作效果图。

平面形态POP广告设计效果图制作程序主要包括构思设计项目草图、了解具体内容及其特点、设定具体形态尺寸、确定色彩数值、表现效果处理、整体内容调整等。由于计算机制作与设计草图效果有着明显的差别，计算机制作出的效果图内容也更加具体，具有明显的实际效果和表现力。所以，应根据计算机制作效果和制作规律适当调整预先设想的方案，对各方面具体内容、整体构图、版面排列和主次关系以

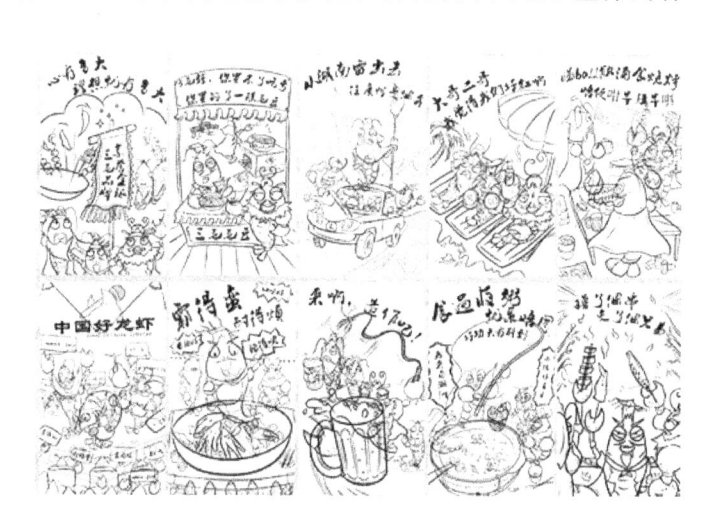

及细节问题等，都应做出精心安排，使整体设计表现更趋向于预想的实际应用效果。平面形态POP广告设计效果图也可以按照实际尺寸和有关工艺技术要求进行制作，根据制版印刷、计算机喷绘和丝网印刷的不同技术需要，分别设置分辨率数值的大小。

（2）立体形态POP广告设计效果图

这包括POP广告中所有立体类型的项目设计。根据不同情况，可以选择计算机三维效果图和手绘效果图两种不同的制作方式，并分别按各自的规律与方法制作立体形态POP广告设计效果图。在某些情况下，立体效果图制作采用手绘的方式也是艺术表现手段之一。

制作设计效果图应根据项目内容的应用功能特点、应用材料与有关技术等，从形态造型和整体结构入手，在造型的过程中将应用材料和结构处理相结合，以能够初步达成预想效果为主要目的。同时将有关平面设计元素融入整体造型之中，使整体设计达到形态与应用材料相协调、尺寸比例效果更佳、造型形态与平面设计效果统一，以及结合产品形态构成整体的统一。设计制作效果应从各个角度注意项目内容及相互之间的整体联系，无须过分地注重技巧表现。设计效果图应以准确表达具体内容、中心意图和更趋向实际应用为主要目的和任务。

2. 项目设计平面图制作

工艺生产所需的平面图是运用工业制图原理与方法、根据设计效果图绘制的。由于平面形态POP广告设计和立体形态POP广告设计的生产工艺要求不同，在制作平面图方面也有很大的差别。因此应该根据不同情况分别制作各自所需的平面图，在认真分析和全面掌握设计方案的基础上，按照事先确定的制图比例或实际尺寸制作平面图。

所以应按照一定规范制作设计平面图，以全面、细致、准确地解读有关设计方案内容，为实际的工艺制作提供准确可靠的参考依据。平面图制作一般是根据设计效果图的具体情况，采用不同的平面制图方式进行的。平面类型设计方案的平面图制作相对比较明确，即将整体尺寸与比例、有关数值、应用材料与工艺处理标明即可。立体类型设计方案一般较多地使用三视图或根据实际需要增加不同角度的视图、切面图、局部视图等，同时应把应用材料、工艺处理、结构问题都一一标注出来。从整体上，平面图制作应该从大到小依次标出尺寸，单位使用厘米或毫米，标明制图比例值（如1∶1或1∶2）。制图要严格规范，符合平面制图要求。

（1）平面形态POP广告设计平面图

这主要是在原有计算机效果图基础上制作平面图，为印刷工艺制作平面图提供准确可靠的参考依据。首先，将计算机效果图转换为黑白线稿，按照实际尺寸标出黑白线稿整体宽度和高度，并依次标出其中所有元素的尺度、间距、角度。其次，准确标出色彩数值、应用材料、制作工艺以及重点区域的特殊标识等，对不易标识的问题可以做简要说明。在目前条件下，也可以按照平面图实际大小直接提供效果图方案，只是需要对其中的特殊应用材料与工艺加以注释。

（2）立体形态POP广告设计平面图

制作立体设计平面图，主要是为了标明立体设计方案中各个项目内容的尺寸与比例，以便于对设计方案的整体理解和对实际工艺的正确操作，根据造型形态设计方案一般使用三视图（正面、侧面和顶面）制作方式。对于比较复杂的设计方案和在三视图中难以表示的内容，可以根据实际情况适当增加背面图、底面图、切面图、局部视图等，以全面准确地表示出设计效果图所需具体内容，对应用材料、制作工艺和色彩问题也应该认真标明或加以简要说明。

3.样品模型制作

通过平面设计方案，将平面制图转化为真实直观的样品模型制作，以样品模型的方式展示设计方案，有利于为生产加工提供真实的参照并避免失误。样品模型制作包括平面和立体两种形态类型，制作细节方面也存在很大差别。样品模型制作时应该根据实际情况选择适当的应用材料、处理方法、制作工艺和工具。尤其是立体形态的设计方案，也可以根据具体要求，有针对性地选择其中一部分设计方案，按照一定比例制作出样品模型。

（1）平面形态POP广告设计方案样品模型制作

运用平面类型的设计方案制作出样品模型并装订成册，要表现出外形具有的变化、特殊材料的效果和结构处理的技巧。装订成册是根据设计方案与生产工艺的需要，分别采用线装、胶装、钉装、折页以及其他特殊工艺制作等。线装和胶

装工艺一般运用于具有丰富项目内容的设计方案；钉装工艺具有各种装订方式，涵盖装订部位和装订部件，运用具有突出特点的装订部件将呈现出装饰性的表现效果。折页工艺主要针对的是单页设计方案，具有折叠部位、折叠多少、折叠方式和折叠角度的区别等。

（2）立体形态POP广告设计方案样品模型制作

在进行立体形态POP广告设计方案样品模型制作之前，首先要重新审视设计方案的各个方面，从样品模型制作的角度掌握设计方案的基本形态、所用材料特性、加工工艺、有关制作工具以及各种型材等。按照一定程序和设计方案建立起主体造型，根据应用材料、恰当的结构方式处理各方面的连接关系。在此基础上进一步刻画细节，做好表面效果、色彩效果的处理等。然后根据整体设计方案将有关商品放置于样品模型之中，进一步调整完成接近于实际生产效果的制作模型。对比较大型的设计方案可以按照一定比例制作设计模型。

五、提交整体设计方案

在整体设计完成之后，按照一定规范和具体要求编辑成册提交整体设计方案。在编排制作整体设计方案之前，还必须重新细致地审视各项具体内容是否存在问题，如内容是否完整、规范，顺序是否合理等，及时做到拾遗补阙。

（一）提交方案内容

整体设计应完成的内容：市场调研报告、项目设计计划书、项目内容设计方案效果图、项目内容设计方案平面图、设计方案样品模型、有关设计说明和整体完成情况报告书。并根据设计完成情况重新整理市场调研报告和项目设计计划书，补充和删减有关具体内容。在每一项目内容设计方案中都包括与之相配套的平面图及有关设计说明，并以设计方案效果图为主，合理地安排其他内容。整体完成情况报告书包括项目设计整体过程、项目设计内容完成情况、项目设计体会等，并且将全部内容编辑成册。

（二）编排规范要求

整体设计方案编排要按照一定的前后顺序装订成册，如封面、目录、内容提要、设计计划书、项目设计方案、整体完成情况报告书。根据项目设计制定统一的页面规范，可以采用竖向或横向版面设计，并将各项内容分门别类地放置其中。封面要采用正规的方式书写课题设计题目，如"希望图书POP广告项目设计方案"，不宜使用简称或缩写题目；目录是指提交文件所含的主要项目；内容提要主要是将整体设计方案的目的意义、各项主要内容、设计方式与方法进行概括性的表述；设

计计划书必须包括市场调研与分析、设计主题与定位、设计创意与表现、项目设计内容、广告效果预测、整体设计时限、预算、人员安排等；项目设计方案包括效果图、平面图、项目设计说明以及与此相配合的设计模型；整体完成情况报告书主要是对项目设计整体过程、项目内容、设计效果、实现目的、设计体会进行总结。

在全面掌握整体设计方案各个项目内容的情况下，依照编排顺序和要求，以良好的编辑规范和全面的内容完成整体设计方案，运用恰当的装订方式将整体设计方案编辑装订成册。

第三章 POP 广告设计的创意

第一节　POP 广告设计的创意目标及方法

一、广告创意的概念、原则及要素

广告创意是广告策划的灵魂，也是整体广告运作的生命。有创意的策划才是成功的策划、有效益的策划。广告运作的成败全系于创意之上。

（一）广告创意的概念

创意，英文为"Creation"，是广告学中的专用语。现在又流行于其他行业，诸如发型创意、时装创意等。所谓创意，从中文字义上分析，"创，始也"，创就是首创、始造的意思；"意，心所响也"，心之所响、心之所思就是意。将两个字合起来解释，就是造出新意，或想点子、出新招。

英国广告大师大卫·奥格威有过这样的说法："要吸引消费者的注意力，同时让他们来买自己的产品，非要有很好的点子不可，除非广告有很好的点子，不然，它就像很快被吞噬的船只。"由此我们可以这样认定：有好点子的广告就像商海里的渡船，能够将商家及其商品送到"黄金海岸"。

（二）广告创意的原则

不以规矩，不能成方圆。成功的创意广告，必定遵循一定的规则，归纳起来大致有三条。

1. 首创性原则

首创是广告创意最根本的品质和最鲜明的特征。与众不同、别出心裁，只此一家、别无分店，就是首创，即创意。首创性原则在广告作品中表现为独特性、唯一性，也就是说要"敢为天下先"。

2. 简明性原则

广告是要将商品的信息快速传达给受众，让受众在转眼之间即感受冲击力，引起关注，留下印象。广告不是电视连续剧，更不是长篇小说，消费者逛商场，没那么多时间和闲情看冗长的广告。故广告的简明性与它的独特性、新颖性同样重要，也是其必备的品质。那些繁杂的、晦涩的广告，会令消费者头皮发麻，产生的效果可想而知。

3. 形象性原则

广告不是用说教的方式推销商品，而是用艺术的手法传达信息。它对受众采取的是"动之以情，晓之以理"的促销策略。动情在前，晓理于后。形象美好，给人以美的感受，从而激发其需求欲望，诱导购物行为，达成促销目的。

一则创意成功的广告，形象性是十分关键的，既要图文并茂，又要图文共美。无论图形还是文形，都要既个性新颖又生动和谐，不能只顾其一，不顾其二。

(三) *广告创意的要素*

创意需要素材、原材，如同做饭必备大米一样，所以广告创意就需要要素。

所谓要素，包括两个方面，即创意必备的素材和素质。前者是客观要素，指物；后者是主观要素，指人。

素材是自在之物，大至整个自然界和社会，小至一花一木、一砖一石。它无处不在，无时不有，而且丰富多彩，千变万化。对创意者来说，重要的不是它的存在，而在于对它的发现。

素质是创意者自身的品质，是知识、见识、才能三者的综合。其中，知识是核心，见识和才能都是从知识中增长起来的。人们获取知识的途径有两种。一是亲身实践，见多识广。平时讲的深入生活、调查研究、野外考察、外出写生都属于这一类。二是要广泛涉猎各种知识，博学多才。一个人的知识，大多数是从书本上获得的。"读书破万卷，下笔如有神"，思路畅通了，就会有神来之笔。

现在讲产品，大多讲的是科技含量。科技含量越高，产品质量越优，附加值越高。广告作为一种特殊商品，同样存在一个知识含量问题。谁的文化知识、专业技能、艺术素养、心理气质优越，谁的点子就会高人一筹，那么他设计的广告就能在市场竞争中处于有利地位。

在现代广告业发展日新月异的今天，广告人、策划者、创意人员如果没有足够的知识含量，没有较为广阔的视野，仅满足于写写画画，是不可能有什么好点子出现的，更难有上档次的创意产生。总之，孤陋寡闻不可能有创意，而不学无术更与创意无缘分。

二、POP广告设计的创意目标

在商业活动中，POP广告是一种极为活跃的促销形式，它以多种手段将各种大众信息传播媒体的集成效果浓缩在销售场所中，它能够把商品的内容、质量和使用方法清晰明确地再传达给消费者，提高商品的注目率，使消费者对各种广告媒介所做的宣传产生一种联想；或通过有针对性的、简明扼要的说明，使消费者对不熟悉的商品产生好感，从而促进销售，这也正是POP广告的魅力所在。

POP广告的运用能否成功，关键在于POP广告画面的设计能否简洁、鲜明地传达信息，塑造优美的形象，使之富有动人的感染力。所以，必须特别注重现场广告的心理攻势。因POP广告具有直接促销的作用，设计者必须着力于研究店铺环境与商品的性质及顾客的需求和心理，以求有的放矢地表现最能打动顾客的内容。POP广告的图文必须有针对性地、简明扼要地表示出商品的益处、优点等内容。

首先，造型简练，画面设计醒目。因POP广告体积小、容量有限，要想将其置于琳琅满目的商品之中而不致被忽略且不显得花哨低俗，其造型应该简练，画面设计应该醒目，版面设计应突出而抢眼、阅读方便、重点鲜明、有美感和特色、和谐而统一。

其次，注重陈列设计。现代POP广告并非像节日点缀那样越热闹越好，而应视之为构成商店形象的一部分，故其陈列设计应从加强商店形象的总体出发，渲染商店的艺术气氛。室外POP广告包括广告牌、霓虹灯、灯箱、电子显示牌、光纤广告、招贴、活人广告、商店招牌、门角装饰、橱窗布置、商品陈列等。其主要功能是引导消费者做出走进商店的选择。室外POP广告还起到美化城市的作用。

现代POP广告设计最重要的是确立整个促销计划。市场商品的多元化和大量生产，要求设计师研究和分析消费者购买心理和消费心态的变化，以及特定店铺与商品的性质，这也是POP广告设计的基本要素。现代POP广告的设计既要具有鲜明的个性，又要与企业的形象相符合，要从企业和商品的主体出发，站在广告活动的立场全面考虑。POP广告设计的全部秘诀在于强调购买的"时间"与"地点"，在特定的销售环境中，提供给消费者一个面对具体商品做出选择的最后机会。

三、POP广告设计的创意方法

现代POP广告设计的总体要求就是独特。无论何种形式，都必须新颖独特，能够很快引起顾客的注意，激发他们"想了解""想购买"的欲望。顾客产生购物犹豫心理是因为他们对所需商品尚存有疑虑，有效的POP广告应针对顾客的关注点进行解答。价格是顾客所关心的重点，所以价目卡应置于醒目位置；商品说明书、精美商品传单等资料应置于取阅方便的POP广告展示架上。对于新产品，最好采用口语推荐的广告形式，进行说明解释，引导购买。

（一）修饰夸张法

修饰夸张是在一般中求新奇与变化，通过虚构把对象的特点和个性中美的方面进行夸大，赋予对象一种新奇与变化的情趣。现代POP广告设计通过富有个性的造型来产生强烈的视觉效果，从而吸引消费者。

此方法是借助想象力，对现代POP广告作品中所宣传的对象的品质或特性的某个方面进行明显的过分夸大，以加深人们对这些特征的认识。文学家高尔基指

出："夸张是创作的基本原则。"通过这种手法能更鲜明地强调或揭示事物的本质，增强作品的艺术效果。

按商品表现的特征，修饰夸张可以分为形态修饰夸张和神情修饰夸张两种类型，前者为表象性的处理，后者则为含蓄性的情态处理。修饰夸张法的运用，为现代 POP 广告设计的艺术美注入了浓郁的感情色彩，使产品的特征更鲜明、突出、动人。

现代 POP 广告设计在进行视觉传递中经常采用修饰夸张的表现手法进行产品宣传，如电子产品的 POP 广告设计等。

（二）亮点展示法

亮点展示法，即将主体以最突出、最引人注目的方式呈现在人们面前的方法。这种方法在视觉表现上能够真实地再现对象的质感、形态和功能用途，从而给人以信任感和亲切感。

这是一种最常见的、运用十分广泛的表现手法。现代 POP 广告将某产品亮点直接如实地展示在广告版面上，充分运用摄影或绘画等技巧的表现能力，细致刻画和着力渲染产品的质感、形态和功能用途，将产品精美的质地引人入胜地呈现出来，给人以逼真的现实感，使消费者对所宣传的产品产生一种亲切感和信任感。例如，运用亮点展示的手法，把高端设计与创新的眼镜展示在消费者面前，让大家一目了然。

（三）特征凸显法

在现代 POP 广告设计中，特征凸显法即抓住和强调产品或主题本身与众不同的特征，并将其鲜明地表现出来，即将这些特征置于广告画面的主要视觉部位或加以烘托处理，使观众在接触言辞画面的瞬间很快感受到产品的特征，对其产生注意和视觉兴趣，达到刺激购买欲望的目的。

现代 POP 广告表现中，这些应着力加以突出和渲染的特征，一般由富于个性产品形象与众不同的特殊能力、厂商的企业标志和产品的商标等要素来决定。

（四）意境联想法

意境联想法是利用联想思维进行创造的方法，就是由此事物而有关联地联想到彼事物。看到冰消雪融，想到春之将至；听到牧笛声声，想到牛羊成群……

现代 POP 广告设计，运用意境联想，可以创造出引人遐想的意境，使广告具有"弦外之音"的动人效果。意境联想有很多形式，如近似意境联想、相关意境联想、对比意境联想等，在审美的过程中通过丰富的意境联想，能突破时空的界限，扩大艺术形象的容量，增强画面的意境。

（五）以小见大法

在现代 POP 广告设计中对立体形象进行强调、取舍、浓缩，以独到的想象抓住一点或一个局部加以集中描写或延伸放大，以更充分地表达主题思想。这种艺术处理是以一点观全面、以小见大、从不全到全的表现手法，给设计者带来了很大的灵活性和无限的表现力，同时为接受者提供了广阔的想象空间，使他们获得生动的情趣和丰富的联想。

（六）诙谐幽默法

诙谐幽默法是指在 POP 广告设计中巧妙地再现喜剧性特征，抓住生活现象中的局部事物，通过人物、产品、事件的性格、形态、情境等某些有趣的特征表现出来。

在现代 POP 广告设计中通常采用诙谐幽默的表现手法，运用饶有风趣的情节和巧妙的安排，把某种需要肯定的事物，无限延伸到漫画的程度，创造出一种充满情趣、引人发笑而又耐人寻味的幽默意境。诙谐幽默的矛盾冲突可以达到出乎意料而又在情理之中的艺术效果，引起观赏者会心的微笑，以别具一格的方式发挥艺术感染力的作用。

例如，在 POP 广告设计中，设计师应用修饰夸张的表现手法，把展示架制作成人物或卡通动物形象，则此幽默风趣、耐人寻味的广告创意能给消费者留下深刻印象。

第二节　POP 广告设计的创意规律

在进行 POP 广告设计时，画面处理要遵循一定的形式规律，把握大的规律可以使设计作品在美的范畴中游刃有余。下面简要介绍一下 POP 广告设计的形式规律。

一、稳定与平衡

稳定是人的心理需求的基本条件。世间万物凡是能保留下来的生命和物质都有一定的稳定性和秩序性。星系的运转要保持相对的稳定性，否则它就会像流星出轨，毁灭在一瞬的灿烂中。画面需要稳定，这符合人们朴素而古典的审美规范，使人感到舒适与安全。

（一）对称的稳定

设计中的对称是在一条中心分界线的两边安排类似图形，使其在上下、左右或正反方向形成对称形式。对称的形式在建筑上广泛应用，如中国古典建筑中华丽的宫殿和庄严的庙宇大多是按照严格的对称方法修建的，这种建筑方式给人以气势宏大、庄严典雅、严谨规范的艺术效果，充分展示了对称的特征。这种对称的稳定表现在广告设计中也具有同样的效果。

（二）画面的平衡与稳定

设计图形中的各要素在感官和心理上要达到一种平衡。通俗地讲，画面一定要看着很舒服。如果设计的画面让人看起来不和谐，就证明在力的处理上出现偏差，画面没有达到完美的心理平衡。画面的平衡主要指轻重感、强弱感、稳定感。

画面的稳定与人的心理有非常密切的关系。通常心理的平衡来自人们的生活经验。例如，当我们看到一幅上满下空的画时，就会焦虑不安，因为我们生活在

地球上，地面的物象沉重而繁多，天空的东西轻柔而稀少，所以我们总对上满而沉的东西十分注意。一定要找到能支撑形体的力，才能放下心来。

人的身体随时保持着重心的平衡，才不会跌倒。例如，当用一只手提着重物时，会将重物向身体中心倾斜，以保持身体的平衡。

视觉平衡也与习惯有关，人们习惯于从左向右、从上向下、从头到脚的观察方式，提示力放在画面左边。一个带有方向感的图形，当其从左向右出现时，感到很自然，而从右向左出现时，则要跨越更多的心理障碍。

二、节奏与韵律

节奏和韵律表现在设计中是一种有组织、有规律的强弱和谐变化。它使同一要素周期性地反复出现，形成一定的运动感。韵律的表现方法使画面活泼跳跃，充满生机。节奏和韵律多用音乐语言表现，同时具有时间与空间感。一首乐曲的主旋律总是反复出现，反复中出现变化，变化中形成连接，连接中起伏跌宕，跌宕中延伸回复，这样才能达到"绕梁三日"的效果。

广告设计中有规律变化的形象或色彩以数比、等比的方法来排列，使之充满音乐的旋律感，以构图条理中的反复，以图形的数量、大小、虚实、强弱、主次以及色彩关系等反复变化出现，形成一种怡人的韵律。

设计中应灵活运用对称与平衡、节奏与韵律，通过空间、文字、图形之间的相互关系建立整体的均衡状态，产生和谐的美感。如对称原则在页面设计中，它的均衡感有时会使页面显得呆板，但如果加入一些富有动感的文字、图案来表现内容，往往会达到比较好的效果。另外，点、线、面作为视觉语言中的基本元素，巧妙地互相穿插、互相衬托、互相补充构成最佳的页面效果，可充分表达完美的设计意境。

三、对比与变化

对比在广告中的表现就是各元素在形态、颜色、材质上形成的视觉差异。人

们喜欢追求"万绿丛中一点红"的效果，在广告设计中运用对比可以产生明朗、肯定、强烈的视觉效果，给人留下深刻的印象。

对比就是变化，变化才有生命。世界是立体的、多层面的、多角度的、多空间的。所以艺术创作的真谛就在于创造变化的新意，永远力求与众不同，标新立异。

第三节　POP 广告设计的创意途径

一、POP 广告形式创意

POP 广告的形式创意，主要是运用各种不同的形态、结构与材料进行巧妙合理的搭配，以体现商品的性能。在形式创意中必须注意 POP 广告本身高度、长度和宽度的比例美，同时又要考虑其与商品结合的效果以及与购物环境之间的协调性。

（一）模拟形 POP 广告

其指采用自然形，如采用花、叶、树、贝壳等形态做微型标牌式 POP 广告；采用各种动物、人物形象做立地式 POP 广告；模仿建筑物、交通工具、生活用具等做柜台式 POP 广告等。由于其造型接近生活，具有亲切感，容易被理解、接受，较适合做日用品类的广告。

（二）几何形 POP 广告

其指采用几何形体，如运用圆形、正方形、三角形、棱形、球形、多边形所制作的立地式、柜台式、悬挂式、标牌式、包装式 POP 广告，具有简洁明快特征，适合各种不同层次的消费者。

（三）构成式 POP 广告

其指采用立体构成的方法，适用于文化用品、电子产品、饮品等的 POP 广告，此类有较强的时代感与科技感，易迎合青年消费者追赶时尚的消费心理。

（四）结合式 POP 广告

其指采用具象形与抽象形、具象形与构成法、抽象形与构成法相结合，变换时空，设计制作出的形态各异的 POP 广告，其容易产生趣味感、幽默感，适合各种层次的消费者，但须注意所陈列的商品与形式之间的内在联系。

二、POP广告图形创意

在POP广告设计中图形起引导、提示、劝诱、说理、强化等作用，是突出广告主题、实现广告目标的不可或缺的部分。在POP广告设计中，图形既具有独立性又与商品的整体形式形成统一性，以下总结几种常用的图形创意方法。

①用使用产品的对象进行POP广告设计，一方面有说服消费者进行购买的功效，另一方面能使消费者迅速了解该产品适合什么人群，节约时间，方便购买。

②用名人进行POP广告设计，如影视明星、体育明星等，产生光环效应，使消费者产生信任感，适合大多数消费者，特别是青年消费者。但应注意把握分寸，实事求是。

③用卡通画和商业漫画进行POP广告设计易造成趣味性和情趣性，吸引消费者注意，诱导消费者购买，产生购物动机，适合青少年消费者群体。

④展示企业形象、品牌或产品、包装，提高企业和产品的知名度与影响力，适用于增长期产品的POP广告设计，适合大多数消费者。

⑤借用人们所熟悉的神话故事或传统图腾、吉祥物进行POP广告设计，如用灯笼、福字做节日礼品的POP广告，有大吉大利之感；用老寿星图案做老年人食品的POP广告，适用于特定的节日宣传，适合特定的消费对象。

⑥采用同构手法，将不同时空的人和物组合在一起进行POP广告设计，造成奇妙无穷的感觉，使人产生联想、悬念、思考。图形创意中的异质同构是平面化的，而在形式创意中异质同构常常表现为立体的。

采用简洁有力的符号图形来传递信息，表达概念，常会取得事半功倍的效果。

三、POP广告文案创意

现在一谈及广告创意，似乎仅限在图形上，而忽略了文案。文案为什么被忽略？因为大多数人认为广告创意只是设计工作者的"专利"，与其他专业人士无关；而研究设计的人大多对文字注重较少，这么一来，创意的整体性、完美性就分割了，文案就被忽略了。

殊不知，就"文"与"图"在广告构成中的地位而言，可将广告分为三种类型，即文字广告、图形广告、图文广告。文字广告与图文广告对"文"研究的重要性自不必说，图形广告中由于文案所占的比例较小，极易被人忽视，其实它对"文"的布设是简洁深刻的，文案隐性存在于受众心中，从而显得更加意味深长。一个好的文案创意，能够使广告作品具有很高的文化品位。

所谓文案创意，就是要讲究修辞，使广告语言有文采，像图形一样，给人以形象、生动、优美文感。广告语言包括广告标题、广告内文及广告语。其中起决定作用的是广告标题，有时其与广告语是合二为一的。所以广告工作者一定要提高对文案创意的重视度与关注度，在实际的 POP 广告设计过程中注重文案的编写质量，提升设计项目的文化品位。

第四节　POP 广告设计的创意思维方式

POP 广告设计的创意思维方式必须与适当的目标市场、适当的产品、适当的价格及适当的渠道相匹配、相适应。

一、换位思维

（一）换位营销

POP 广告设计作为市场营销组合的一项策略措施，必须符合商品或企业自身营销的整体性、协调性与多变性的要求。POP 广告设计的创意无论何时何地都要服从企业营销策划的整体方案，决不能让 POP 广告和产品、价格、渠道、市场各行其是。因此运用换位营销的思维方式十分必要，通过换位能让设计者从商家的角度，站在市场营销的整体全面考虑 POP 广告设计的创意。

（二）换位受众

运用换位受众创意思维方式的目的是增强 POP 广告的宣传效果。POP 广告设计服务于大众，服务于企业营销活动，因此 POP 广告设计的创意要生动、形象、精确，并适时地体现广告主的总体构思。创意之初，首先要站在受众的思维角度考虑广告设计的目的、被宣传的商品有何特性、商品在市场中的位置如何等。其次要根据受众的层次来确定 POP 广告设计的创意风格。最后要在 POP 广告创意中凸显受众最感兴趣的信息，如标明产品的价格或体现

产品突出特征的相关信息等。

二、想象思维

（一）本体的形象化

在 POP 广告创意中，要选择适合形象化的本体，适当夸张后恰如其分地表现设计者意图。如"演唱时间表"，可以将"演唱"两字定为本体，根据本体绘制一位摇滚歌星的形象，这就是本体的形象化，能有效地突出主题。

（二）诉求点的偶然性

现代受众对这种创意方式极为青睐，但设计者并不直接切入主题，而是选用间接的图形语言进行表达，往往带给受众意料之外的惊喜。

（三）风格上的趣味性

幽默感是现代 POP 广告设计普遍追求的审美趋势，为人们喜闻乐见，因为它能缓解现代人的心理压力，使人们心情放松的同时对广告有了印象。如棋牌室的 POP 广告可以将扑克牌和麻将的图形夸大，最大限度体现棋牌室的特征。

（四）信息量的简洁性

在 POP 广告创意中应以最简洁的信息反映设计主题，主题思想越明确，词句文字越简洁，画面越单一，记忆效果越好。尽量缩短内容，让广告看上去短小精悍，简洁有力，人们可能不愿意看那些长篇大论，但对于短短十几个字或者 20 个字的小型广告，他们还是很乐意瞄上一眼的。这样在短时间内，将某一人物或情景突出地加以表现，使浏览者加深记忆。

（五）本体和喻体的契合

在广告创意中，比喻是常用的手法之一，即借与事物 A 在某方面相似的事物 B，来表现事物 A 的某一特点。在 POP 广告设计中主要从产品原料、产品所针对的事物、能代表产品的事物及使用产品的体验等方面进行创意构思。比喻手法成功的关键在于，找到了一个在外形和内涵上都能与本体相似的喻体，即切入点准确。当然，有时候它们的外形不是天然的相似，但是可以通过对本体或喻体进行加工使它们在造型上尽量相近，不过一定要把握好度，以免丧失了原本的特征。同样，

本体与喻体在内涵上也不一定要完全一样，更多时候需要用文案来建立起两者的内在联系。比喻谁都会，但是能用得贴切、用得巧妙，还得需要设计者勤于观察、勤于思考才行。

三、空间思维

运用空间思维是立体形态 POP 广告设计创意思维方式不可或缺的一部分。在运用空间思维创意的过程中，设计者能否由平面形态进入立体形态，其中空间的转换观念与想象力是成败的关键。

（一）制作实物模型

展示性是 POP 广告的重要特征，而实物模型能最为直观地表达设计的视觉效果，因此模型制作是 POP 广告设计的重要环节之一。模型制作是创意与材料的完美融合，设计者通过与石膏、软陶、泥土、木材、泡沫、塑料、纸张等各种材料的不断接触，感受形体的组合变化，从而理解点、线、面、体等构成要素，激发出无穷的创造力。

（二）制作空间模型

在制作空间模型训练中要培养设计者明晰主从关系的能力，明确哪些设计元素是主要的，处于主导地位，统领着立体的形象；哪些设计元素是次要的，处于从属地位，是烘托形象的。

设计者在制作空间模型训练中要逐步把握好比例关系。比例关系一是指单个形体内部长、宽、高的比例；二是指一个形体与另一个形体相比较而形成的一种比例关系。

专业的 POP 广告设计创意思维方式能使设计者更加坚定设计职责，能让 POP 广告设计效果更具艺术性和实效性，能将商业策略与视觉设计完美结合，让 POP 广告设计的艺术价值和商业价值最大化体现。

第四章
POP 广告的色彩应用

第一节　色彩的基本概念

一、色彩是什么

色彩是人脑识别反射光的强弱和不同波长所产生的差异的感觉，与形状同为最基本的视觉反应之一。物体被光线照射后反射光被人脑接受，形成对色彩的认识。总之，没有光照就不存在色彩，而且我们在日常生活中看到的所有的色彩都不是物体本身的颜色。

光波是电磁波的一种，电磁波包括 X 射线、紫外线等很多种。其中人类能够看到的光波称为可见光。根据可见光的电磁波波长由短到长的顺序，可以识别蓝紫色、紫色、青绿色、绿色、黄绿色、黄色、橙色、红色等色彩。光线中包含着很多种色彩，但光线本身却是无色的。

在诸多电磁波当中，可见光的波长为 380～800 nm，可以说，这个范围集中了人类可识别的所有色彩。

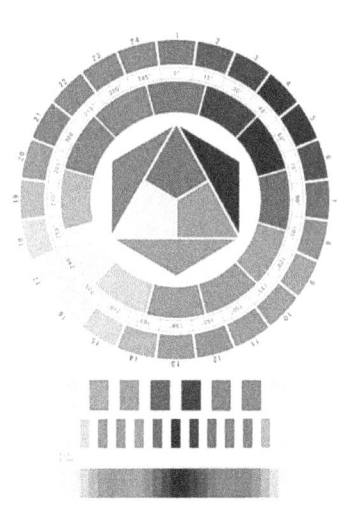

二、色彩的三属性

自然界中的颜色可以分为非彩色和有彩色两大类。非彩色是指黑色、白色和各种深浅不一的灰色，其他的所有颜色均属于有彩色。任何一种有彩色都具有三个属性。

（一）色相

也叫色泽，是有彩色的最大特征。所谓色相是指能够比较确切地表示某种颜色色别的名称。如玫瑰红、橘黄、柠檬黄、钴蓝、群青、翠绿，从光学物理上讲，各种色相是由射入人眼的光线的光谱成分决定的。对于单色光来说，色相完全取决于该光线的波长；对于混合色光来说，则取决于各种波长光线的相对吸收量。物体的颜色是由光源的光谱成分和物体表面反射（或透射）的特性决定的。

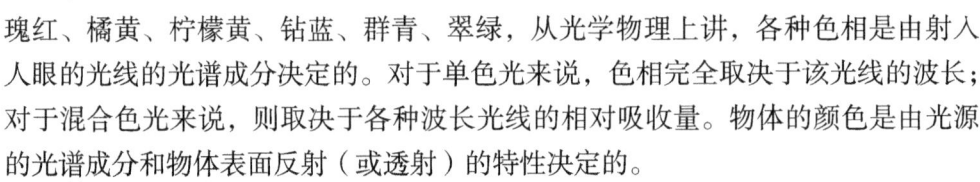

（二）饱和度

也叫纯度，是指色彩的纯净程度，它表示颜色中所含有色成分的比例。含有色成分的比例越大，则色彩的纯度越高；含有色成分的比例越小，则色彩的纯度越低。可见光的各种单色光拥有最纯的颜色，为极限纯度。当一种颜色掺入黑、白或其他彩色时，纯度就会发生变化。当掺入的颜色达到很大的比例时，产生的视觉效果是原来的颜色将失去本来的光彩，而变成掺和的颜色。当然这并不等于说这种被掺和的颜色中已经不存在原来的色素，而是由于大量掺入其他彩色使得原来的色素被同化，人眼已经无法感觉出来了。物体表层结构的细密与平滑有助于提高物体色彩的纯度，同样纯度的油墨印在不同的白纸上，光洁的纸印出的纯度高些，粗糙的纸印出的纯度低些。丝绸、羊毛、尼龙、塑料等是颜色在其表面纯度达到最高时的体现。不同色相所能达到的纯度是不同的，其中红色纯度最高，绿色纯度相对低些，其余色相居中，同时明度也不相同。

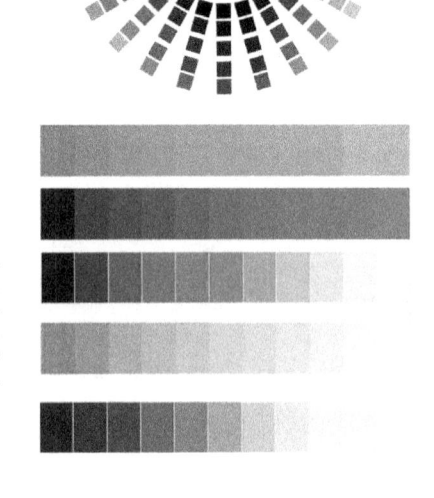

(三)明度

其指色彩的明亮程度，即深浅差别。各种有色物体由于它们的反射光量的区别而产生颜色的明暗强弱。色彩的明度有两种情况。一是同一色相不同明度。如同一颜色在强光照射下显得明亮、弱光照射下显得较灰暗模糊；同一颜色加入黑色或加入白色掺和后也能产生各种不同的明暗层次，如粉红、大红、深红，都是红，但一种比一种深。二是各种颜色的不同明度。每一种纯色都有与其相应的明度。黄色明度最高，蓝紫色明度最低，红色、绿色明度居中。色彩的明度变化往往会影响到纯度，如红色加入黑色后明度降低了，同时纯度也降低了；红色加入白色则明度提高了，纯度却降低了。

有彩色的色相、纯度和明度三特征是不可分割的，应用时必须同时考虑这三个因素。非彩色只有明度特征，没有色相和纯度的区别。

物体表面色彩的形成取决于三个方面：光源的照射、物体本身反射一定的色光、环境与空间对物体色彩的影响。

三、色彩的分类

(一)原色

色彩中不能再分解的基本色称为原色。原色能合成出其他色，而其他色不能还原出本来的颜色。原色只有三种，色光三原色为红、绿、蓝，颜料三原色为品红(明亮的玫红)、黄、青(湖蓝)。色光三原色可以合成出所有色彩同时相加得白色光。颜料三原色从理论上来讲可以调配出其他任何色彩，同色相加得黑色，因为常用的颜料中除了色素外还含有其他化学成分，所以两种以上的颜料相调和，纯度就会受影响，调和的色种越多越不纯，也越不鲜明，颜料三原色相加只能得到一种黑浊色，而不是纯黑色。

(二)间色

两个原色混合得间色。间色也只有三种。色光三间色为品红、黄、青(湖蓝)。颜料三间色即橙、绿、紫，也称第二次色。必须指出的是色光三间色恰好是颜料的三原色。这种交错关系构成了色光、颜料与色彩视觉的复杂联系，也构成了色彩原理与规律的丰富内容。

(三)复色

颜料的两个间色或一种原色和其对应的间色(红与青、黄与蓝、绿与洋红)相混合得复色，也称第三次色。复色中包含了所有的原色成分，只是各原色间的比例不等，从而形成了不同的红灰、黄灰、绿灰等灰调色。

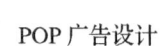

由于色光三原色相加得白色光，这样便产生了两个后果：一是色光中没有复色；二是色光中没有灰调色，如两色光间色相加，只会产生一种淡的原色光，以黄色光加青色光为例：黄色光＋青色光＝红色光＋绿色光＝绿色光＋蓝色光＝绿色光＋白色光＝亮绿色光。

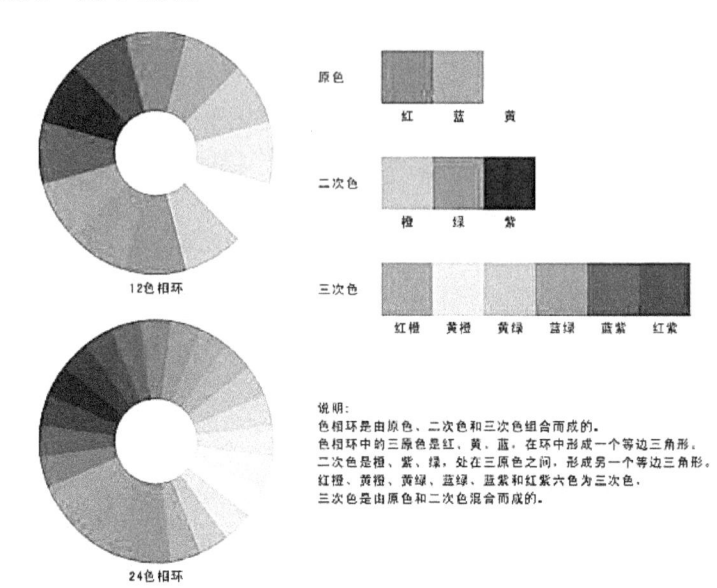

四、色系

（一）有彩色系

其指在可见光中的全部色彩，以红、橙、黄、绿、青、蓝、紫等为基本色。基本色之间不同量的混合、基本色与无彩色之间不同量的混合所产生的千千万万种色彩都属于有彩色系。有彩色系是由光的波长和振幅决定的，波长决定色相，振幅决定色调。有彩色系中的任何一种颜色都具有三大属性，即色相、明度和纯度。也就是说一种颜色只要具有以上三种属性都属于有彩色系。

（二）无彩色系

其指由黑色、白色及黑白两色相融而成的各种深浅不同的灰色系列。从物理学的角度看，它们不包括在可见光中，故不能称为色彩。但是从视觉生理学和心理学来说，它们具有完整的色彩性，应该包括在色彩体系之中。无彩色系按照一定的变化规律，由白色渐变到浅灰、中灰、深灰直至黑色，色彩学上称为黑白系列。黑白系列中由白到黑的变化，可以用一条垂直轴表示，一端为白，一端为黑，中间有各种过渡的灰色。纯白是理想的完全反射物体，纯黑是理想的完全吸收物

体。可是在现实生活中并不存在纯白和纯黑的物体，颜料中含有的锌白和铅白只能接近纯白，煤黑只能接近纯黑。无彩色系中的颜色只有明度上的变化，而不具备色相与纯度的属性，也就是说它们的色相和纯度在理论上等于零。色彩的明度可以用黑白度来表示，越接近白色，明度越高；越接近黑色，明度越低。

五、基色原理

在中学的物理课中我们都做过棱镜的试验，白光通过棱镜后被分解成多种颜色逐渐过渡的色谱，颜色依次为红、橙、黄、绿、青、蓝、紫，这就是可见光。其中人眼对红、绿、蓝最为敏感，人的眼睛就像一个三色接收器，大多数的颜色可以通过红、绿、蓝三色按照不同的比例合成产生。同样绝大多数单色光也可以分解成红、绿、蓝三种色光。这是色度学的最基本原理，即三基色原理。三基色是相互独立的，任何一种基色都不能由其他两种颜色合成。红、绿、蓝是三基色，这三种颜色合成的颜色范围最为广泛。红、绿、蓝三基色按照不同的比例相加合成混色称为相加混色。

所以青色、黄色、品红分别又是红色、蓝色、绿色的补色。由于每个人对于相同的单色的感受不同，所以，用相同强度的三基色混合，假设得到白光的强度为100%，这时人的主观感受是，绿光最亮，红光次之，蓝光最弱。

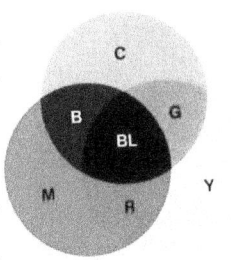

相减混色 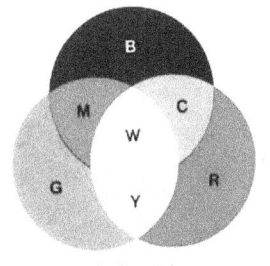　　　　相加混色

除了相加混色之外还有相减混色。在白光照射下，青色颜料吸收红色而反射青色，黄色颜料吸收蓝色而反射黄色，品红颜料吸收绿色而反射品红。

另外，如果把青色和黄色两种颜料混合，在白光照射下，由于颜料吸收了红色和蓝色而反射了绿色，对于颜料的混合表示如下：

颜料（黄色 + 青色）= 白色 − 红色 − 蓝色 = 绿色
颜料（品红 + 青色）= 白色 − 红色 − 绿色 = 蓝色
颜料（黄色 + 品红）= 白色 − 绿色 − 蓝色 = 红色

以上都是相减混色，相减混色以吸收三基色比例不同而形成不同的颜色。所以又把青色、品红、黄色称为颜料三基色。颜料三基色的混色在绘画、印刷中得到广泛应用。在颜料三基色中，红、绿、蓝三色被称为相减二次色或颜料二次色。在相减二次色中有：

（青色 + 黄色 + 品红）= 白色 – 红色 – 蓝色 – 绿色 = 黑色

用以上的相加混色三基色所表示的颜色模式称为 RGB 模式，而用相减混色三基色所表示的颜色模式称为 CMYK 模式，这两种模式广泛运用于绘画和印刷领域。

RGB 模式是绘图软件最常用的一种颜色模式，在这种模式下，处理图像比较方便，而且 RGB 模式存储的图像要比 CMYK 模式存储的图像所占空间要小，可以节省内存。

CMYK 模式是一种颜料模式，所以属于印刷模式，但本质上与 RGB 模式没有区别，只是产生颜色的方式不同。RGB 模式为相加混色模式，CMYK 模式为相减混色模式。例如，显示器采用 RGB 模式，就是因为显示器是电子光束轰击荧光屏上的荧光材料发出亮光从而产生颜色。当没有光时为黑色，光线加到最大时为白色。

六、色彩视觉

冷、暖感色彩本身并无冷暖的温度差别，是视觉色彩引起人们对冷暖感觉的心理联想。

冷色：见到蓝、蓝紫、蓝绿等色后，人们则易联想到太空、冰雪、海洋等物像，产生寒冷、理智、平静等感觉。

暖色：见到红、红橙、橙、黄橙、红紫等色后，人们马上联想到太阳、火焰、热血等物像，产生温暖、热烈、危险等感觉。

色彩的冷、暖感，不仅表现在固定的色相上，而且在比较中还会显示其相对的倾向性。如同样表现天空的霞光，用玫红画早霞表现清新而偏冷的色彩，感觉很恰当，而描绘晚霞则需要暖感强的大红了。人们往往用不同的词汇表述色彩的冷暖感觉，暖色——阳光、不透明、刺激的、稠密的、深的、近的、重的、男性的、强性的、干的、感情的、方角的、直线型、扩大、稳定、热烈、活泼、开放等。冷色——阴影、透明、镇静的、稀薄的、淡的、远的、轻的、女性的、微弱的、湿的、理智的、圆滑的、曲线型、缩小、流动、冷静、文雅、保守等。

中性色：绿色和紫色属于中性色。黄绿、蓝、蓝绿等色使人联想到草、树等植物，产生青春、生命、和平等感觉。紫、蓝紫等色使人联想到花卉、水晶等稀贵物品，易产生高贵、神秘等感觉。至于黄色，一般被认为是暖色。因为它使人联想起阳光、光明等。但也有人视它为中性色，当然，同属黄色相，柠檬黄显然偏冷，而中黄则感觉偏暖。

色彩的轻、重感主要与色彩的明度有关。明度高的色彩使人联想到蓝天、白云、彩霞、花卉、棉花以及羊毛等，产生轻柔、飘浮、上升、敏捷、灵活等感觉。

明度低的色彩易使人联想到钢铁、大理石等物品，产生沉重、稳定、降落等感觉。

色彩的软、硬感也主要来自色彩的明度，但与纯度也有一定的关系。明度越高感觉越软，明度越低则感觉越硬。明度高、纯度低的色彩有软感，中纯度的色彩也呈柔感，因为它们易使人联想起骆驼、狐狸、猫、狗等动物皮毛，还有毛呢、绒织物等。高纯度和低纯度的色彩都呈硬感，色相与色彩的软、硬感几乎无关。

色彩的前、后感。各种不同波长的色彩在人眼视网膜上的成像有前后，红、橙等光波长的色在后面成像，感觉比较迫近，蓝、紫等光波短的色则在外侧成像，在同样距离内感觉就比较后退。实际上这是视错觉的一种现象，一般暖色、纯色、高明度色、强烈对比色、大面积色、集中色等有前进感觉，相反冷色、浊色、低明度色、弱对比色、小面积色、分散色等有后退感觉。

色彩的大、小感是由于色彩有前后而产生的感觉，暖色、高明度色等有扩大、膨胀感，冷色、低明度色等有显小、收缩感。

质朴、华丽感色彩的三要素对质朴及华丽感都有影响，其中与纯度关系最大。明度高、纯度高的色彩丰富，给人华丽、辉煌的感觉。明度低、纯度低的色彩单纯，给人质朴、古雅的感觉。但无论何种色彩，带上光泽，都能获得华丽的效果。

色彩的活泼、庄重感。暖色、高纯度色、强对比色给人的感觉是跳跃、活泼、有朝气，冷色、低纯度色、低明度色给人以庄重、严肃感。

色彩的兴奋与沉静感。红、橙、黄等鲜艳而明亮的色彩给人以兴奋感，蓝、蓝绿、蓝紫等色使人感到沉着、平静。绿和紫为中性色，没有这种感觉。纯度的关系也很大，高纯度色给人以兴奋感，低纯度色给人以沉静感。

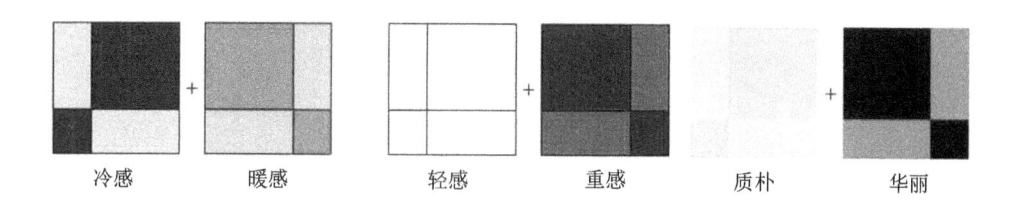

| 冷感 | 暖感 | 轻感 | 重感 | 质朴 | 华丽 |

第二节　POP广告色彩的配色分类及原则

对色彩的情感源自人类的自然反应，成功的POP广告，除了包含创作者竭尽心力的解释外，还必须通过色彩的传达使消费者产生共鸣。因为我们所创作的作品是给大多数人看的，对色彩的一些理解和应用也必须以大多数人对色彩的感觉

为基准进行 POP 广告创作，这样所完成的作品才有说服力，才能更好地发挥其广告作用。

当不同的色彩搭配在一起时，色相彩度（也称饱和度）、明度作用会使色彩的效果产生变化。两种或者多种浅颜色配在一起不会产生对比效果，同样多种深颜色合在一起效果也不吸引人。但是，当一种浅颜色和一种深颜色对比在一起时，就会使浅色显得更浅，深色显得更深，明度也同样如此。

一、色相的印象

多项研究证实，人类依靠五种感官从外部世界获取的信息很大一部分都来自视觉。而视觉中的色彩信息是非常重要的。在色彩三要素中，色相对人类心理的影响最大。人类在捕捉、认识色彩时，首先识别的是色相，其次是明度和纯度。设计作品中色相的印象非常重要，可以毫不夸张地讲，人们对设计作品的印象在很大程度上是由使用的色彩和配色效果决定的。

红色让人感受到热情与兴奋，绿色让人感受到宁静与安逸，不同的色相能够使人联想到不同的景物和产生不同的情感。色彩代表了某种自然景物，反映了不同季节的气温特点，成为激发人心理情感的一种方式，并且与人的年龄、性别关联不大。

色相大体上可分为暖色系和冷色系两大色系。紫色系和绿色系色彩称为中间色，中间色基本上不能单独营造冷暖的印象。一般来讲，暖色系色彩体现活跃、兴奋等动感的印象；冷色系色彩体现稳重、安逸等静态的印象。以黄色系为代表的橙色、红色等色彩常常被用作光的代用色。相反以蓝色系、绿色系、紫色系为代表的色彩常常被用作阴影的代用色。人们对色相所产生的印象受光和影的影响很大。

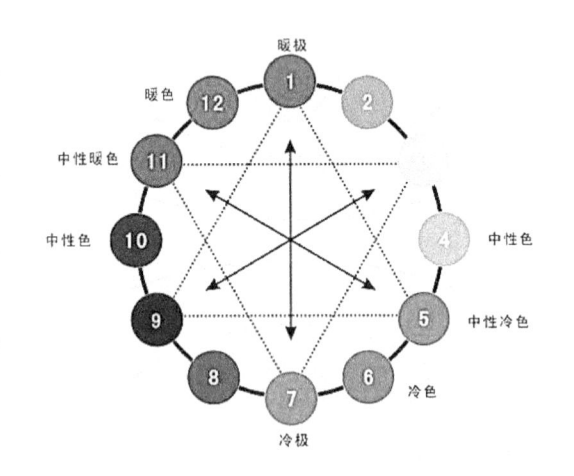

二、色彩配色的分类

我们所说的色彩搭配一般为绘画中的色彩，三原色为红、绿、蓝。不再仅局限于绘画上，而更加注重色彩之间的相互搭配。

（一）色相配色

以色相为基础的配色是以色相环为基础进行思考的，用色相环上类似的颜色进行配色，可以得到稳定而统一的感觉。用距离远的颜色进行配色，可以达到一定的对比效果。类似色相的配色，能表现共同的配色印象。这种配色在色相上既有共性又有变化，是很容易取得配色平衡的方法。例如，黄色、橙黄色、橙色的组合；群青色、青紫色、紫罗兰色的组合都是类似色相配色。与同一色相配色一样，类似色相的配色容易产生单调的感觉，所以可使用对比色调的配色手法。中差配色的对比效果既明快又不冲突，是深受人们喜爱的配色。对比色相配色，是指在色相环中，位于色相环圆心直径两端的色彩或较远位置的色彩的组合。它包含了中差色相配色、对照色相配色、补色色相配色。对比色相的色彩比较轻，所以经常在色调上或面积上用以取得色彩的平衡。色相配色在 16 色相环中，角度为 0° 或接近的配色，称为同一色相配色。角度为 22.5° 的两色间，色相差为 1 的配色，称为邻近色相配色。角度为 45° 的两色间，色相差为 2 的配色，称为类似色相配色。角度为 67.5° ～ 112.5° ，色相差为 6 ～ 7 的配色，称为对照色相配色。角度为 180° 左右，色相差为 8 的配色，称为补色色相配色。

（二）色调配色

1. 无色彩配色

所谓的无色彩配色指的是黑色、灰色、白色三色的配色，这种配色方法在日常生活中较少应用。因缺少色彩搭配所呈现的是较为呆板、死气的感觉。所以，无色彩配色属于较弱的配色方法。然而，所表现的价值感归类于高级范围内，其运用在高级服饰、珠宝、汽车等价位较高的产品上较为合适，适用于前卫、极端的产品。选择任何一个颜色与黑色、灰色、白色搭配，称为单色彩配色。当找不到合适的颜色搭配时，可以考虑用黑色、灰色、白色来搭配，因为此配色方法是最扎实、最完整、无疑问的配色方法。以黑、灰、白搭配容易引出高级配色。

POP 广告设计

红色配黑色有强烈的视觉导引效果，适合应用于较酷、较前卫的行业（如应用在化妆品行业的居多）。

红色配以灰色，适合精品、化妆品、服饰等行业，红给人一种平缓、柔和且有质感的味道。此配色方法用在高端奢侈品中居多，有质感。

蓝色配白色，属于大自然的配色，可应用在美妆、计算机、资讯等行业。

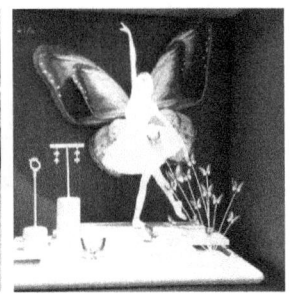

第四章　POP广告的色彩应用

2. 同一色调配色

同一色调配色是将相同色调的不同颜色搭配在一起形成的一种配色关系。同一色调的颜色、色彩的纯度和明度具有共性，明度按照色相略有变化。不同色调会产生不同的色彩印象，将纯色调全部放在一起，将产生活泼感。而婴儿服饰和玩具都以淡色调为主。在对比色相和中差色相配色中，一般采用同一色调的配色手法，其更容易进行色彩调和。

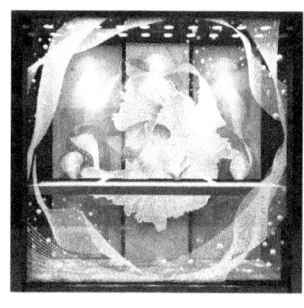

3. 类似色调配色

类似色调配色即将色调图中相邻或接近的两个或两个以上色调搭配在一起的配色。类似色调配色的特征是色调与色调之间有微妙的差异，较同一色调有变化，不会产生呆滞感。将深色调和暗色调搭配在一起能产生一种既深又暗的昏暗之感，鲜艳色调和强烈色调配合再加明亮色调，便能产生鲜艳活泼的色彩印象。

4. 对比色调配色

对比色调配色是相隔较远的两个或两个以上的色调搭配在一起的配色。对比

103

色调因色彩的特征差异，造成鲜明的视觉对比，有一种"相映"或"相距"的力量使之平衡，因而能产生对比调和感。对比色调配色在配色选择时，会因横向或纵向区别而有明度和纯度上的差异。例如，浅色调与深色调配色，形成深与浅的明暗对比；而鲜艳色调与灰浊色调搭配，会形成纯度上的差异配色。采用同一色调的配色手法，更容易进行色彩调和。

（三）彩度的配色

彩度的配色是相同颜色的配色，即以彩度为主导的配色，如三原色的配色就是高彩度配色，粉红色配紫色是亮眼的配色。

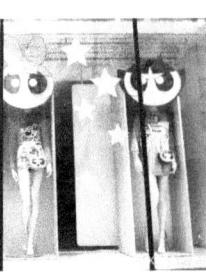

（四）咖啡色的配色

咖啡色是所有颜色中较不易配色的颜色，所以咖啡色的配色方法特别介绍于此。

其配色方法包括深咖啡色搭配浅咖啡色，浅咖啡色配以深咖啡色、红色、橘色、黄色、黑色以及灰色。黑紫色搭配深咖啡即彩度的配色，适合茶艺馆的布设等。

（五）明度的配色

明度是配色的重要因素，明度的变化可以体现事物的立体感和远近感。如希腊的雕刻艺术就是通过光影的作用产生了许多黑白灰的相互关系，获得成就感；中国的国画经常使用无彩色的明度搭配。有彩色的物体也会受到光影的影响而产生明暗效果，像紫色和黄色就有着明显的明度差异。将明度分为高明度、中明度和低明度三类，这样就有了高明度配高明度、高明度配中明度、高明度配低明度、中明度配中明度、中明度配低明度、低明度配低明度六种搭配方式。其中高明度配高明度、中明度配中明度、低明度配低明度属于相同明度的配色。一般使用明度相同、色相和纯度变化的配色方式。高明度配中明度与中明度配低明度，属于有略微不同的明度配色。高明度配低明度属于对照明度配色。

三、色调的印象

我们在认识物体的色彩时，色调对色彩印象的影响力很大。无论是营造柔软、明亮、朴素、华丽等效果，还是营造某种氛围或心境，都可以通过色调的灵活处理来实现。同一色调或类似色调可以增强整体的配色效果，使绘画、设计作品展现出统一的世界观，也可以提高画面的质感。

即使是相同色相的配色，色调不同，也会使画面所传达的情感产生较大的差别。在确定具体的色相之前，先从色调开始构思也是配色理念之一。

四、色彩配色的原则

1. 通过同色系色彩配色演绎画面的紧张感觉

同色系色彩配色是最能在简单的搭配中取得调和、自然效果的配色类型，但同时也很容易产生单调、乏味的效果。

同色系色彩配色是体现调和性和统一性的配色设计中最简单、最便捷的一种

手法。但是，很容易给人留下单调、乏味的印象。在运用同色系色彩配色的同时，提升整体设计背景色无疑是重要的。

背景色也被称为支配色，是决定视觉整体印象的重要元素。在画面中主要对象不变的情况下，若背景色变化，则画面的整体效果能够随之发生很大的变化。

运用同色系色彩配色时，将背景色设定为鲜艳的色彩或浓重的色彩，可以提升整体画面的紧张度，在调和的画面中形成重心，从而使背景色中主体物的形象得以突出。另外，即使画面背景面积很小，背景色的巨大影响力依然不容忽视。

2. 在设计中运用对比色和互补色的同时，保持画面的稳定感

由对比色、互补色构成的配色能够体现出强烈的紧张感和刺激效果，适合于表现强烈的视觉冲击感以突出画面重点。但是如何通过这种配色来体现稳定感呢？

在保证视觉效果的同时，又希望体现稳定感，可以在视觉中心设置"强色"。所谓"强色"基本上可以理解为画面中纯度最高的色彩。如此一来，设计重心的主体对象清晰明确，观者也可以在享受强烈视觉效果的同时，感受到稳定感。这种配色方法可以发挥对比色、互补色的优点，提升整体氛围，制造适度的紧张感。另外，画面中出现多种色相的情况下，将对比效果最强的色彩搭配作为主角，将强烈的反差置于画面中央，也可以起到同样的效果。

3. 避免过度强调局部，同时希望适度突出重点

在印象单调的配色中添加体现动感效果的强调色是设计配色中频繁使用的基本技法。但是，观察者的视线往往会被强烈的强调色吸引，结果往往有悖于原本的设计理念。

既想在视觉上制造重点，又要确保不破坏整体的设计氛围，那么将白色作为强调色是很好的解决方法。无彩色的白色与任何色彩都可以协调搭配。与暗色调色彩搭配，体现出华丽的印象；与明色调色彩搭配，则体现出紧张感。因此，白色不会破坏有彩色画面的整体效果，搭配起来也十分便利。在视觉上，白色使画面显得更干净，能衬托出设计画面的整体效果。

4. 与行业特点相匹配的色彩选择

色彩可以给人不同的印象，各行各业经常使用的色彩五彩缤纷。在企业、商店的广告牌，以及宣传字幕的配色中，一定要保证色彩与企业形象、经营商品形象相一致。不同行业使用色彩时都具有一定的倾向性。最具代表性的就是快餐店、面点屋等经营食品类的商铺，它们经常使用红、橙、黄等暖色系的色彩。色彩的搭配与使用是有科学依据的。暖色系色彩可以让人增进食欲，具有较强的视觉认知性和吸引力。快餐店的广告牌、内部装潢、宣传广告等经常使用纯度较高的暖色系色彩。

大多数人都不会反感蓝色和能够体现安逸宁静印象的绿色,这两种色彩在企业商标以及商品中频繁出现,二者都属于冷色系色彩,可以体现出清爽感同时给人干净利落的印象。蓝色是能够在沉着冷静中体现诚实印象的色彩。银行、辅导机构等对信赖性和可靠性要求非常高的机构的商标、广告中经常出现蓝色元素。绿色则具有消除疲劳等功能,能够体现干净利落的印象。医疗场合、医药品制造厂商的商标,以及保健品、药品等商品的包装中经常会出现绿色元素。而且伴随着环保事业的兴起,绿色开始出现在越来越多的场合中。

5. 以茶色为主的稳重配色体现自然、有机的印象

为匹配乐活(LOHAS)系列商品的高品位,越来越多的品牌商标以及商店的印象色选择了浅褐色、茶色等朴素色彩。

这些色彩和绿色一样也能体现出环保的印象。同时还添加了温暖、淳朴、亲近感以及纯手工的印象。虽然浅褐色、茶色的精炼度不及绿色,但可以使人感受到朴素、健康与坚强。另外,深咖啡色和暗色调的红褐色能够让人感受到古典家具所特有的传统感与高贵感,在欧洲历史悠久的服装品牌、高级西点店等根据色调体现高级感的设计中经常会使用这些色彩。

单一色调的配色给人简单而又时尚、摩登的印象。而优雅、温暖的茶色,越接近驼色,越能体现自然效果;越接近深棕色,越能体现厚重感。

室内装潢、服装加工等企业对趣味性、享受性的要求较高,品牌商标、店内主题色经常采用白色、黑色等无彩色。单一色调的配色是永远不过时的,但很容易产生呆板、尖刻的印象,所以企业食品包装中的主题图案一般不会选择这种方式的配色。不过,它是打造时尚风格的最佳选择,简约明快、视觉表现力强。

无论选择黑、白哪种颜色为主题色,商标局部的细节以及文字部分都应考虑加入一些色彩的变化。此时,黑色体现高级感和冷峻感,白色则体现透明感和清洁感。

第三节 POP 广告色彩的具体应用

装饰、色彩在人们的社会生活、生产劳动中所起的作用是显而易见的。现代的科学研究表明,一个正常人从外界接收的信息 90% 以上是由视觉器官输入大脑的,来自外界的一切视觉形象,如物体的形状、所在空间、位置的界限都是通过色彩区别和明暗关系反映的。对色彩的兴趣使人们产生了对色彩的审美意识,成

为人们学会使用色彩装饰美化生活的前提。正如马克思所说："色彩的感觉是一般美感中最大众化的形式。"

一、色彩的表现特征

（一）红色

红色的波长最长，它的穿透力强，感知度高，易使人联想起太阳、火焰、热血、花卉等，代表了温暖、兴奋、活泼、热情、积极、希望、忠诚、健康、充实、饱满、幸福等向上的倾向，但有时也被认为是幼稚、原始、暴力、危险、卑俗的象征。红色历来是我国传统的喜庆色彩，深红及带紫色的红给人以庄严、稳重而又热情的感觉，常见于欢迎贵宾的场合。含白的高明度粉红色，则给人以柔美、甜蜜、梦幻、愉快、幸福、温雅的感觉，几乎成为女性的专用色彩。

（二）橙色

橙与红同属暖色，具有红与黄之间的色性，使人联想起火焰、灯光、霞光、水果等物象，是最温暖、响亮的色彩。给人以活泼、华丽、辉煌、跃动、炽热、温情、甜蜜、愉快、幸福的感觉，但也有疑惑、嫉妒等消极的倾向。含灰的橙成咖啡色，含白的橙成浅橙色，俗称血牙色，与橙色本身都是服装中常用的甜美色彩，也是众多消费者特别是妇女、儿童、青年喜爱的服装色彩。

（三）黄色

黄色是所有色相中明度最高的色彩，具有轻快、光辉、透明、活泼、光明、辉煌、希望、功名、健康等印象。但黄色过于明亮而显得有些刺眼，并且与其他色相混易失去其原貌，故也会产生轻薄、不稳定、变化无常、冷淡等感觉。含白的淡黄色给人以平和、温柔的感觉，深黄色则给人以高贵、庄严之感。由于黄色极易使人想起许多水果的表皮，因此它能引起富有酸性的食欲感。黄色还被用作安全色，因为这极易被人发现，如室外作业的工作服颜色。

（四）绿色

在大自然中，除了天空、江河、海洋，绿色所占的面积最大，草、叶绿色，几乎到处可见，它象征着生命、青春、和平、安详、新鲜等。绿色最适应于人眼的注视，有消除疲劳功能。黄绿带给人们春天的气息，颇受儿童及年轻人的欢迎。蓝绿、深绿是海洋、森林的色彩，有着深远、稳重、沉着、睿智等含义。含灰的绿，如土绿、橄榄绿、咸菜绿、墨绿等色彩，给人以成熟、老练、深沉的感觉，是人们广泛选用及军警规定的颜色。

（五）蓝色

与红、橙色相反，蓝色是典型的寒色，表示沉静、冷淡、理智、高深、透明等含义，随着人类对太空事业的不断开发，它又有了象征高科技的强烈现代感。浅蓝色系明朗而富有青春朝气，为年轻人所钟爱，但也有不够成熟的感觉。深蓝色系沉着、稳定，为中年人普遍喜爱的色彩。其中略带暧昧的群青色，充满着动

人的深邃魅力，藏青则给人以大度、庄重印象。靛蓝、普蓝因在民间广泛应用，似乎成了民族特色的象征。当然，蓝色也有其另一面的特征，如刻板、冷漠、悲哀、恐惧等。

（六）紫色

紫色具有神秘、高贵、优美、庄重、奢华的气质，有时也有孤寂、消极之感。尤其是较暗或含深灰的紫，易给人以不祥、腐朽的印象。但含浅灰的红紫或蓝紫，却有着类似太空、宇宙色彩的幽雅、神秘之感，为现代生活所广泛采用。

（七）黑色

黑色为无色相无纯度之色，往往给人以沉静、神秘、严肃、庄重、含蓄的感觉。另外，也易给人留下悲哀、恐怖、不祥、沉默、消亡、罪恶等消极印象。尽

管如此，黑色与其他颜色的组合适应性却极广，无论什么色彩特别是鲜艳的纯色与黑色相配，都能取得良好的效果。但是不能大面积使用，否则，不但其魅力大大减弱，相反会产生压抑、阴沉的恐怖感。

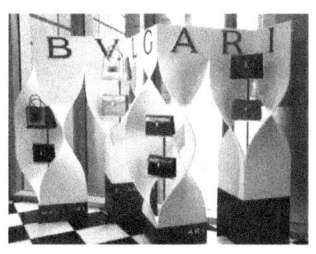

（八）白色

白色给人留下洁净、光明、纯真、清白、朴素、卫生、恬静等印象。在它的衬托下，其他色彩会显得更鲜丽、更明朗。但是，多用白色可能产生平淡无味的单调、空虚之感。

（九）灰色

灰色是中性色，其突出的特征为柔和、细致、平稳、朴素、大方，它不像黑色与白色那样会明显影响其他的色彩。因此，将其作为背景色彩非常理想。任何色彩都可以和灰色相混合，略有色相感的灰色能给人以高雅、细腻、含蓄、稳重、精致、文明而有素养的高档感觉。当然滥用灰色也易暴露乏味、忧郁、无激情、无兴趣的一面。

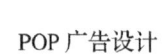

（十）土褐色

土褐色是指含一定灰色的中、低明度的颜色。如土红、熟褐、生褐、土黄、茶褐等色，其易与其他色彩配合，特别是与鲜色相伴，效果更佳，也使人想起收获的金秋季节，故均给人以成熟、谦让、丰富、随和之感。

（十一）光泽色

除了金、银等贵金属色以外，所有色彩带上光泽后，都有其华美的特色。金色富丽堂皇，象征荣华富贵、名誉、忠诚；银色雅致高贵，象征纯洁、信仰，比金色温和。它们与其他色彩都能配合，几乎达到"万能"的程度。小面积点缀，具有醒目、提神的作用，大面积使用则会过于炫目，显得浮华而失去稳重感。光泽色如果被巧妙使用、装饰得当，不但能起到画龙点睛的作用，还可产生强烈的高科技现代美感。

二、不同题材色彩的应用

我们所创作的POP广告海报可谓是丰富多彩的，涉及和应用到的行业也比较广泛，但它们所适用的颜色却千差万别，各个行业都有适合自己的代表颜色，这

也是长时间人们形成的一种识别规律。例如,用绿色表现邮电行业,一些邮局、邮桶等都用绿色来做主题颜色,用白色来表现医药行业,用橙色来表现饮食行业等,这些行业的颜色运用已经给人们留下了深刻印象,以至看到这些颜色就会联想到和它相关的一些场所。

(一)性别题材色彩的应用

中国传统的习惯认为女性是暖色系的,彩度相对要高些,如红、粉红、橙、黄,而男性是冷色系的,彩度相对要低些,如蓝、粉蓝、绿、深蓝等。男性喜欢淡蓝色,女性喜欢接近于淡紫色的粉色、红色。据分析,红色受到男性和女性的同等青睐,各有20%的男性和女性把红色列为最喜爱的颜色,只有2%的男性和3%的女性称红色是"我不喜欢的颜色"。但是,在进行的问卷调查中几乎没有人将红色列为男性的色彩。反而源于红色的粉红色、深红色被认为是女性的颜色。男性以闪亮的红色表示,代表着激情;女性以深红色表示,象征着富饶。

1. 粉红色

据分析,对粉红色的好恶,女性和男性所表现出来的差别比其他任何一种色彩都明显。8%的女性认为粉红色比其他任何色彩都美丽,但也有7%的女性完全拒绝粉红色。男性中有2%的人将其列为喜爱的颜色,但12%的男性不喜欢粉红色。粉红色具有典型的女性特征。现在,很多女婴用品都用粉红色包装,以至于许多人认为这个习惯自古就有。其实不然,直到20世纪20年代,当制造耐洗及无毒的颜料不再是一件难事时,市场的时尚意识开始兴起,彩色服装成为先导,人们逐渐接受粉红色为小女孩所穿的色彩,与冷冷的浅蓝色相对照,它显得如此温情脉脉。到了20世纪70年代,粉红色已成为全世界代表女性的颜色了。只是在如此强调个性化的今天,与性别相关的色彩与时尚相矛盾了,成人时装中的差异微乎其微了。

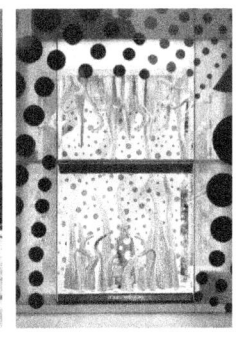

2. 蓝色

据分析，过去代表男性的色彩是红色，而在现代的象征意义里，蓝色是代表男性的颜色，多作为精神的象征，寓示冷静、理智。蓝色是 40% 的男性和 36% 的女性最喜欢的颜色。按照传统，蓝色象征女性，红色则代表男性。20 世纪，爱尔兰和西班牙的法西斯主义者把蓝色作为政治的色彩，认为蓝色代表男性，是平常的颜色，因为着装的色彩代表的并不是品位，而是金钱，但他们不愿意穿昂贵的西装，只想通过汗衫的颜色达到整齐划一的效果。至此，蓝色成为男性的时尚。

3. 白色

白色是一切色彩中最完美的颜色。在很多国家，白色被视为无色及没有力量，是女性的色彩，象征轻声、和平，代表温和、娇嫩、妩媚及敏感。从法国革命后，整个欧洲追求时尚的女性都穿上了神圣的白色服装，经历了奢侈的洛可可，社会变迁再次决定了时尚的变迁，资产阶级一反洛可可时期的全盘人造，追求自由、平等，回归自然，所以，那个时期几乎所有女性都穿上了白色的服装，表达出时代的理想，逐渐成为世界性的时尚。甚至出现了一些极端的想法，认为越是五光十色的东西，品位越粗俗。伴随着白色的世界时尚出现了白色的新娘礼服，这种现象出现于 19 世纪，并延续至今。

4. 黑色

茶与碳火炬的烟雾造成黑色。中国人和欧洲人对这个颜色的概念理解有区别。在中国，男性的黄色对立于女性的黑色，而在欧洲，黑色明显是男性的色彩，而黄色才是女性的色彩，并且黑色的对立色应为白色而不是黄色。

5. 紫色

据分析，有 12% 的男性和 10% 的女性不喜欢紫色，只有 1% 的男性把紫色列为他们喜爱的颜色，有着相同喜好的女性则为 5%。紫色代表妩媚等积极、典型的女性特征的色彩。紫罗兰的色彩曾代表权力，20 世纪 70 年代，紫色再度成为女权运动的色彩，是象征女性的新色彩，相对于甜蜜而无助的粉红色，它让人感觉超出了拙劣的模仿而更具个性。孕妇尤其偏爱紫色，她们很清楚，蓝色意味着男孩，粉红色意味着女孩，为了避免失望，不如选择介于两种性别之间的混合色——紫色。此种现象通常归为荷尔蒙作用。现在，我们通常会看到紫色运用于化妆品的现象，这类产品主要是推销给那些成熟的女性。

6. 褐色

据分析，有29%的女性和24%的男性把它列为最不喜欢的色彩之一，只有2%的女性和1%的男性将其列为喜欢的颜色。这一结果令人吃惊，没有任何一种色彩像褐色这样，不喜欢它的人远远多于喜欢它的人。实际上，褐色是女式时装中最常见的色彩之一，褐色用于住宅装修的概率也很大，这种泥土色变换着各种色调，一直是人们极喜欢的色彩。在古老的象征意义里褐色是代表女性的色彩，是大地母亲的颜色，是代表肥沃的色彩。

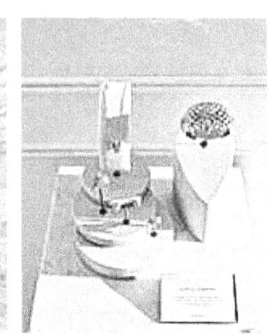

（二）年龄题材色彩的应用

婴儿喜爱红色和黄色。4～9岁儿童最喜爱红色，9岁儿童又喜爱绿色，7～15岁的学生中男生的色彩爱好次序是绿、红、青、黄、白、黑。女孩喜欢粉红色系较多，男孩喜欢粉黄、粉蓝色系较多。

青少年女生喜欢桃红、粉黄等偏暖色系，色差变化不大、没有大对比。男生喜欢对比色，因为年龄的原因，该年龄段的男生均表现出较为叛逆的性格。

第四章 POP广告的色彩应用

　　成年女生喜爱妩媚一点的颜色，且干净、纯净，如白色。男生则喜欢棕、黑、白、灰等给人以成熟、稳重之感的颜色，多为灰色系。

　　中年人喜欢小对比的颜色，大面积的灰色调、点缀一点亮暖色调，起到画龙点睛的作用。

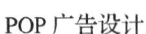

老年人喜欢亮丽而明度不高的颜色，这些颜色能够体现老年人的风貌，以暖色系居多。

不同年龄段的人喜爱的色彩的特征对比如下。

儿童：明度高、彩度高，色彩对比强，如红、黄、蓝三原色。

青年：明度高、彩度中等，色彩对比柔和，如粉色系色彩。

中年：色彩对比简单、强硬，明度和彩度对比的跨度可以很大，但是色彩的数量不能多。

老年：明度和彩度都不能很高，色彩对比柔和，明度和彩度对比的跨度不能很大，如灰色或有任何灰色偏向的色彩（灰绿、灰红、灰蓝等）。

（三）味觉题材色彩的应用

对食物的联想，可以产生色彩的味觉。酸：未成熟的果实，以绿色为主，还有黄、黄绿。甜：成熟的果实。以黄、橙、红色及其明色调为主。苦：咖啡，中药的色彩联想，以黑、褐灰色为主，低明度、低彩度的浊色。辣：辣椒的色彩联想，以红、绿的鲜色表现刺激性。咸：大海与盐的联想，以蓝色等明色及其灰色调为主。涩：未成熟的果实联想，以灰绿、暗绿等浊色为主。

第四章　POP广告的色彩应用

展现食品时，设计中色彩的搭配选择是十分重要的。希望通过视觉刺激人的食欲时，一般可以通过多种色彩组合来演绎食物的新鲜程度和华丽外观。增加色彩的种类和数量，还可以暗示食物的药膳功效。另外，选择餐具器皿、桌布等的色彩时应与食物的颜色、外观相吻合，体现衬托效果。

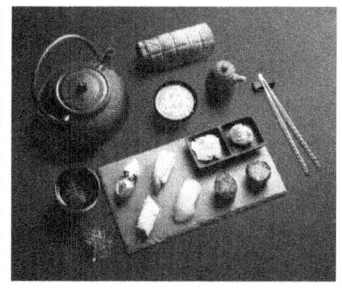

五颜六色的食材可以增进人的食欲。器皿和桌布的颜色搭配也是十分重要的。无彩色的黑色作为背景色可以最大限度地衬托任何色彩。因此最能衬托食物美味的餐具器皿的颜色就是黑色。但如果食物本身看起来就发黑，再选择黑色的餐具就不是好的搭配了，因为黑色容易使人联想到变质的食品。色彩鲜艳的食物盛放在黑色的器皿中会显得更加鲜明。日式料理店、寿司店的器皿一般都使用黑色漆器，黑色器皿可以使食材看起来更加鲜艳，同时也可以体现出高级感和厚重感。

119

黑色器皿更能凸显食物本身的色彩，演绎高雅、经典的风格。白色器皿中应适当点缀一些鲜艳、靓丽的色彩。除了注意食物、餐具等的色彩搭配之外，还要尽量使配色能够体现出食材、食物本身的特点。例如，杂志介绍甜品专集的画面中，采用淡雅、明亮的色调和以白色为主色的配色是最佳的选择。如蛋糕、杏仁饼等西式点心的设计应体现出甜美、松软以及可爱的特征。相反，在表现面的辛辣味道时，包装、海报的配色应选用纯度较高的红色或橙色，甚至可以通过黑色强化效果。

为使蔬菜看起来新鲜可口，画面设计可以选择清亮、明快的色调以及绿色系色彩。为体现松软、甜美的感觉，可将画面设计为明亮度较高的淡雅色调。辛辣的红色则体现出强烈的视觉冲击效果。

（四）季节题材色彩的应用

食物写真能否配合季节展现是非常重要的。此时，配色又成为一个不容忽视的要素。尤其是夏季食物，通过色彩配色来表现清凉感和爽口感是很有效的。如应选择绿色或淡蓝色等比较温和的色彩，与白色搭配可以体现出清爽感。另外，此种配色在体现玻璃、冰等介质清晰质感的设计中也屡见不鲜。在餐厅、饮料的包装中运用这样的配色，可以充分展现清凉爽口的感觉。在表现清凉透明感时，运用此种配色方法设计出清晰、透明的质感是很有效果的。

1. 春天

春天给人的感觉像在幼年时期，适合的颜色以粉色系最为贴切，绿色调也相当适合。

2. 夏天

艳阳高照的夏天，明亮的黄色是再适合不过了，酷夏需要消暑，吃冰、游泳、吹冷气等，所以清凉的蓝色也很合适。

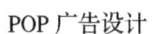

3. 秋天

秋天是丰收的季节，黄色与橘色都是很适合的颜色，这时落叶飘零，也可以用灰色来表现。

4. 冬天

冬天大地一片沉寂，因此用黑色、灰色来表达很适合，而冬季又下雪，以蓝色、白色表达冬天也相当适合。

（五）触觉感受色彩的应用

触觉感受主要指温度感。不同的色彩会产生不同的温度感。红、橙、黄色常常使人联想到东方的太阳和燃烧的火焰，因此有温暖的感觉；蓝、青、蓝紫色常常使人联想到大海、晴空、阴影，因此有寒冷的感觉。实验发现，在蓝、绿色房间工作的人，当温度下降到 15 ℃时就会有寒冷感，而在红、橙色房间工作的人，当温度降低到 10 ℃时，才有寒冷感，两种触觉感受造成的心理温差竟达到 5 ℃。

色彩的冷暖温度感是相对的，比较而言的。紫与红相比，紫显得冷一些，而紫与蓝相比，紫就较暖一些；同属红色调，玫红比大红显得冷，而大红又比朱红显得冷；同属蓝色调，群青比钴蓝显得暖。一般认为绿与紫是属于不暖不冷的中性色，但绿与橙相比又显得暖，紫与红相比又显得偏暖，紫与青相比显得暖。

色彩的冷暖温度感与明度、纯度有关。任何一色如加白则明度提高，色彩变冷，如加黑则明度降低，色彩转暖。在暖色系中，高纯度的色一般比低纯度的色要暖一些；在冷色系中，高纯度的色一般比低纯度的色要冷一些。

POP 广告设计

第五章
POP 广告设计整合与营销

第一节 整合营销的 POP 广告策略

POP 广告策略是广告整合营销的组成部分之一。消费者可以通过 POP 广告的各种信息传达方式获得信息,POP 广告的各种各样的媒体接受各种形式、不同来源、种类各异的信息,因此,POP 广告策略必须对各种店内甚至店外的传播媒介进行整合运用。这些店内外的广告媒介几乎已经涉及所有广告领域,而它们中的大多数都和 POP 广告有着不可分割的重叠、交叉与互融关系。

一、整体广告策略的终端体现

广告信息面前,消费者只能选取零散的模糊的信息达成对品牌的印象,这种印象的深浅往往决定其是否购买这一品牌。消费者的心理倾向显示,对于一致的品牌信息必须接触多次才能构成记忆留存,只有永不间断地接触这一信息才能构成品牌忠诚。因此,整合营销的广告策略是由"一个声音"的广告内容和永不间断的广告投放两个要素构成的,世界名牌广告所传递的广告信息一定是整合一致的信息,且广告数量不会随着名牌的树立而减少,而 POP 广告策略则往往处于这一系列需要整合一致的广告媒体行为的最终端。

二、注意的要点

（一）要仔细研究产品

明确产品能满足消费者哪方面的需要，产品又有何独特卖点。

（二）锁定目标消费者

确定什么样的消费者才是销售目标，做到有的放矢。

（三）比较竞争品牌

比较竞争品牌的优势及其市场形象。

（四）树立自己品牌的个性

研究自己的品牌，应树立什么样的品牌个性才会受到消费者的青睐。

（五）明确消费者的购买诱因

研究消费者购买该品牌的诱因是什么，为什么会进行品牌的尝试。

（六）强化说服力

加强广告的说服力，通过内容和形式的完美结合说服消费者。

（七）具有旗帜鲜明的广告口号

这是引起众多消费者注意的捷径。

（八）对各种形式的广告进行整合

对电视广告、广播广告、平面广告、POP广告进行一元化整合，以达成消费者最大限度的认知。

（九）研究消费者的接触形式并确定投放方式

要研究消费者是如何接触到自己的广告的，如何增多消费者的接触次数，确定广告投放方式，以到达品牌认知。

（十）对广告产生的效果进行评估

对广告产生的效果进行量化评估，为下次广告投放提供科学依据。

整合营销的核心是使消费者对品牌产生信任，继而维系这种信任，与消费者建立良好的信任关系，使其长久存在于消费者心中。整合营销的广告策略所力求避免的是传统传播方式造成的传播无效和浪费。

第二节　POP 广告与展示设计的整合

POP 广告诞生以来，就与展示设计成为密不可分、无法分割的交叉、融合体，POP 广告具有其他媒体所缺乏的高度弹性，能适应各种场合。

一、POP 广告成品的陈列划分

（一）依照设置场所的不同划分

依照设置场所的不同，POP 广告成品的陈列方式可分为以下几种。

①店头展示。如直立广告牌及广告帆布。

②天花板垂吊展示。如布旗、吊牌等。

③橱窗展示。将全国或连锁的店面形象加以统一。

④地面展示。立于店铺前的象征造型物或展示架，如"麦当劳叔叔"等人物造型等。

⑤壁面展示。如海报板、告示牌等装饰物。

⑥柜台展示。附在陈列架上的小型展示物，如价格卡等。

（二）依照使用时间长短划分

依照使用时间的长短，POP 广告成品的陈列方式可分为以下两种。

①短期性陈列。短期性陈列是为了配合商品促销活动，设计时可采用成本低廉、更换容易的材质。

②长期性陈列。长期性陈列是为了运用于橱窗或陈列架展示。相对于短期性陈列则较具耐时性。

（三）依照 POP 广告具备的不同促销机能划分

依照 POP 广告的不同促销机能，可将成品陈列方式划分为以下几类。

①新上市产品陈列。此陈列方式强调对消费者的密集信息传输。

②季节性商品陈列。该类陈列方式的主要作用为营造不同的季节气氛。

③赠品促销陈列。即将赠品直接以实物展示，或以立体方式将赠品内容表达出来。

④大量陈列。即将大量商品堆积，配合设计，运用纸饰、色彩及造型突显视觉效果。

⑤空间悬挂式展示。最适合空间狭小的店铺使用，展示时需考虑取挂容易，造型力求单纯，色彩鲜明。

二、POP广告展示设计的重点

①把想积极推销的商品陈列在黄金区域（离地面 70～130cm 的空间区域）。

②将较重大的商品陈列在下层，将较轻小的商品放置在上层。

③避免颜色一样的商品陈列在一起。

④拍卖品可以用堆叠的方式陈列，以引起顾客注意。

⑤节庆时销售的商品，或促销的主要商品必须大量展示，以加强顾客印象。

三、POP广告展示设计时需注意的事项

①按人体工程学理论中顾客目视的高度，单品大量陈列的基本高度一般为 140 cm。

②依商品的陈列方式决定 POP 广告的尺寸。

③商品使用方法的说明介绍。

④检查有没有脏乱过期的 POP 广告。

⑤地板平整，其与天花板的距离在 260 cm 以上。

⑥样品陈列区域高度在 210～250 cm。

⑦装饰陈列区域高度在 180～210 cm。

⑧按人体工程学理论，顾客手能达到的区域高度最大为 180 cm。

⑨次有效陈列区域高度为 180 cm，与顾客手能达到的区域高度相当。

⑩密度大的陈列区域高度在 170～180 cm。

⑪人体上部（伸手向上方）次有效活动空间区域高度在 150～170 cm。

⑫人体（手平伸）最为有效活动空间区域高度在 125～150 cm。

⑬人体下部（伸手往下方）次有效活动空间区域高度在 85～125 cm。

⑭高频度商品区域高度在 60～85 cm。

⑮低频度商品区域高度在 40～60 cm。

⑯储藏框区域高度在 20～40 cm。

四、POP广告展示获得的效益

（一）提升知名度

通过促销活动的举行，消费者直接与商品接触，更能了解商品的特性与作用，对商品或服务也有更深刻的认识，从而提升了企业形象及品牌知名度。

（二）增进信赖与支持

通过POP广告展示，将企业或团体的经营理念、规模、成果为社会大众所了解，从而增进他们对企业或团体的信赖与支持。

（三）产生偏好感

通过POP广告展示，针对诉求对象进行直接的说明，以诚信经营带动良好社会风气，使社会大众在无形中对商品产生偏好感。

（四）达成整体广告效果

POP广告展示能够创造新闻与舆论的焦点，使各种媒体争相报道，并结合公关作业，达到传播整体广告信息的效果。

五、POP广告展示对营业额的影响

根据日本大荣超市所做的调查，POP广告展示对营业额的影响包括以下几项。

①端架上的POP广告陈列、定点的POP广告陈列（如特价品、料理品、新产品、推荐品），可相对增加营业额5%。

②具体的商品促销（如打7折或8折优惠），可增加营业额23%。

③大量陈列的商品，若有POP广告展示，则可增加营业额42%。

④大量陈列的商品，如果两周都没有更换POP广告，则会使营业额降低47%（大量陈列的商品期限一般为1周）。倘若3周无更换，则营业额至少会降低74%。

六、POP广告展示中有效的促销方式

（一）吸引人潮的展示

1. 噱头招牌

在商品竞争激烈的市场上，为了吸引人潮，在招牌的设计上已有大型化、娱乐化、醒目化的新趋势，如"木船"民歌西餐厅等，利用噱头招牌作为招揽顾客的第一步。在日本，食品的招牌特别显眼，而且通常以所售的东西直接做招牌，令人一目了然，其他国家更是无奇不有。

2. 噱头海报

海报有触发购买动机的功能，如店面空间许可，可将海报张贴、悬挂或放置于店面内外。

海报本来是指在面向街头的建筑物壁面上所特设的广告板和张贴一定时间的印刷品，它在平面设计领域占有极为重要的地位。

我国商业界自清末民初，在商场上即有传单与小型海报的印刷，由于近年摄影技术及印刷术的提高，海报、车厢广告发挥了极大的功效，利用日渐频繁。

3. 电动POP广告

电动POP广告可以说是店面销售商品的重要武器，因为它能吸引顾客的视线，促进他们的购买动机。

由于电动POP广告的成本高，价格昂贵，所以对它的创意必须考究，此类广告除了具有动态效果外，在店面必须能引人注目，扮演"现场销售员"的角色，所以它的设计要

美观、亲切、引人入胜。在设计上不仅要达到引人注目的效果,更须具备实用功能及附加价值,以使各零售店争相索取,乐意做商品展示。

因为设计者本身未必精于电子装置原理,设计者须先将电动POP广告的构造设计好,并做合理组合与装配,再将所需求的动作具体化。

(二) 诱客入门的绝招

1. 不可抗拒的香味

"李白闻香下马",香味对人的吸引力古今中外有颇多趣闻轶事。国际香料公司,将各种人工香味装于罐中,作为商品来销售,并设置定时装置,每隔一段时间就把香味喷向零售店内,以引诱顾客上门。据调查,此种以香味吸引顾客上门的做法,效果奇佳。

2. 效果奇佳的音乐

如果零售店或超级市场在其入口处,经常播放悦耳的音乐,那么顾客便会鱼贯而入,不管是否有中意的商品购买,就是大饱耳福也是值得的。调查研究显示,有70%的人,喜欢在播放音乐的超级市场购物,而且柔和而节拍慢的音乐,在超级市场播放时,能使销售额增加40%。但快节奏的音乐会使顾客在店里待的时间缩短,当每天快闭店时,可播放快节奏的音乐,提示顾客离开,店员也好准时下班。

第三节　POP广告与商品营销

商品营销与POP广告关系密切,因为POP广告会制造出良好的店内销售氛围。并且近年来消费者对音乐、色彩、形状、文字、图案等元素,越来越表现出浓厚的兴趣。推销员若能有效地使用POP广告,则会使消费者享受到购物的乐趣,购买时的广告信息会对顾客的购买行为产生影响。因此如果推销员具备POP广告方面的知识,就会在拜访零售商时,对零售商提供建议,并给予他们实际的帮助,这是一种很好的销售支援。

一、POP广告——商品营销的制胜法宝

由于超级市场的出现,商品直接和顾客见面,大大减少了对售货员的使用,节约了商场空间,这不但加速了商品流通的速度,而且缩减了商业成本,促进了商品经济的繁荣。

（一）POP广告在商品销售中的作用与优势

在当今商品经济竞争环境中，同类商品的质量问题已不是企业竞争与产品销售的决定因素。市场的风向标已由原来的"酒香不怕巷子深"变为"酒香也怕巷子深"的商业广告竞争时代。商店里那些纵横交错的绳子上飘动着的一排排具有醒目商标、品牌名和商品形象的吊旗；一组组陈列在货架上的商品包装广告；墙上、橱窗上张贴着的精美招贴等。这铺天盖地、多种多样的广告，让人置身其间、目不暇接，受到一次次视觉冲击，无疑是购买行为产生的前提。也许消费者是根据报纸、电视广告的宣传而来，也许消费者毫无思想准备来逛商店，POP广告将帮助或促使其下决心去购买商品，当买到商品后，又会得到一个购物包和包装袋，消费者将其带出商店，成为流动广告。由此不难看出，POP广告作为商品销售最终时段的广告形式，有着其他广告形式所没有的时效性。POP广告是一种极为有效的促销形式，它以多种手段将各种商品传播媒体的集成效果浓缩在销售现场，其优势主要表现在以下三方面。

1.商品宣传与促销的载体

POP广告是报刊、电视、广播等其他广告形式的有力补充，以相对固定的信息传播方式唤起顾客已经淡忘的由大众传播媒体输入的商品信息。POP广告表现风格多样，画面新颖别致，色彩艳丽多姿，与商品陈列、商场装饰融为一体，利用商品销售"事件"的趣味性和亲切宜人的和谐购物氛围调动顾客入店参观，扩大卖场影响力的作用。

2.取代推销员，传达商品信息

商场内的各种POP广告均传达着商品的信息，刻画商品的个性。在卖场中，当消费者面对诸多商品而无法抉择时，摆放在商品周围的POP广告，实时地向消费者提供商品信息，起到吸引消费者、促成购买行为的作用。

3.塑造卖场形象，与顾客保持良好的关系

POP广告通过商场形象的应用并配合大众媒体，充分展现了商场的经营理念，并对顾客做出真诚的承诺，使顾客对商品产生信赖。借助POP广告，商场与顾客进

行无声的交流，给顾客留下一种美好的印象。从某种意义上讲，POP广告既代表了卖场形象又是商场文化的一面镜子。

（二）现阶段商场POP广告设计存在的问题

目前，我国零售业的多数POP广告都是通过非专业的POP广告设计制作人员手绘完成的，设计制作人员缺乏独立的创作、设计能力，这就使得POP广告在设计制作与应用中存在不足。这样制作的POP广告形式简单、促销实效性差，缺乏对顾客的吸引力，在使用过程中与商品陈列、店面环境不协调，对商品销售带来极大的负面效应。

另外，POP广告在应用中过度追求"唯美性"，我国商业企业中从事广告制作的人员，有相当一部分是从事过其他美术工作后转型过来的，因此在制作POP广告时往往会追求纯艺术化的美，但忽视了POP广告最终的目的——促销，这时必须要求设计人员认识到POP广告的目的就是传达促销信息和实现商品销售。

POP广告的粗制滥造现象在连锁超市较为常见，不太讲究质量，绘制也很随意，文字使用不加推敲，色彩过度使用，POP广告版面格式也过于随意，过于强调装饰性，这些绘制方式严重削弱了消费者对POP广告内容的认知，这些问题严重影响着商场形象。

（三）商品促销和发展对POP广告设计者的要求

商品POP广告设计有着鲜明的商业应用性，这是它和纯美术的本质区别。这一特点明确了作为POP广告的设计者及创作队伍要具备两个条件：一是具备一定的市场运作、营销素质，商品POP广告的制作是一种商业的需要，它的功能属性就是促销，这也是它存在的基础；二是具备艺术审美与艺术创作能力，所设计出的广告作品不只是为了换取物质方面的满足，更重要的是要理解好的艺术创作是社会文化建设的重要组成部分。

要求通过技艺与科技相结合，完善改进商品的POP广告制作方式。商品POP广告的制作方式在现阶段是手绘与机制相结合，两者的存在不是一个取代和被取代的关系，相反机制POP广告的产生实现是由科技发展与社会需要形成的。手绘POP广告制作不但具有创作者的艺术感悟在其中，更重要的是它在一个个创作人员手中被赋予了人的亲和力，这是任何制作方式都无法取代的，但制作周期长，形式单一，综合成本较高也成为它的弱势。机制POP广告具有规范统一、形式简洁、设计形式多样等特征，可以实现图文混排，表现形式丰富，视觉冲击力大，输出效率高，综合成本低，特别适合用量大、下属店铺数量多、经常组织促销活动的连锁企业，是今后POP广告应用的主流，缺点是目前单张POP广告成本偏高、亲和力差。手绘技艺与现代科技的完美结合势必会成就更具活力的POP广告制作。

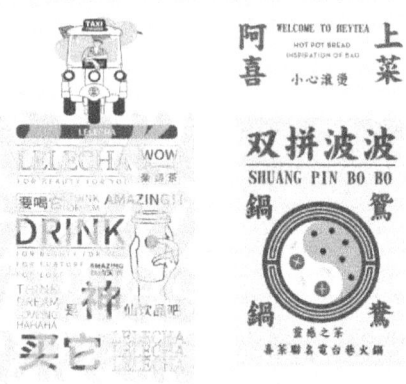

二、体育用品零售店的POP广告运用

无论任何产品都基于某种生活方式而存在。优秀的产品能够创造一种生活方式，卓越的品牌代表了一种生活方式。市场营销发展到今天这个"多极"的时代，"4P""4C""4R"的种种元素和次序也在发生着改变。甚至"4P"有向"1P"集中的趋势，如苹果专注于产品和公关，已经成为新时代"e"生活的领航者，它创造和代表了一种生活方式。

体育用品行业在营销模式趋于同质化、各种营销手段变得越来越苍白无力的时候，还有什么样的方式能够在合理的甚至以更低的投入给销量带来实实在在的增长呢？

（一）体育用品零售店集中的几个问题与分析

1. 外表靓丽，终端无力

各体育用品零售店的装修都是极为漂亮的，产品也极为丰富。但是各品牌零售店几乎都是一个面孔，顶多是陈列方式和次序有所区别。终端销售乏力，各品牌同质化，并且慢慢和一些休闲品牌近亲化。

2. 品牌定位模糊化的趋向越发明显

李宁、安踏品牌各代表什么？有什么独特的品牌精神和内涵可以被消费者快速感知和认同，进而区分其他的品牌？这种品牌定位模糊化的趋向越发明显，所以现在的体育品牌几乎可以全部相互替代，只要在价格和款式有所变化的情况下，顾客随时可以更改选购哪个品牌。

产品同质化、营销同质化、传播同质化、零售店千店一面近亲化，都想代表什么，却什么也代表不了。从经营运动鞋起家的安踏，其优势已经淡化到和其他品牌一样的地步。都是体育用品，并没有成为独有的生活方式的代表。

3. POP广告几乎全部以新品告知和促销为主

体育用品零售店的POP广告，80%用于促销，20%用于说明新品。除此之外没有其他销售的功能。

现实生活中很多人就有通过服装感知运动和休闲的生活方式。试想一下有多少跑步鞋是真正用在跑道上，有多少足球衣是穿在足球场上，有多少登山鞋是穿在高山雪峰上？据观察发现，其实真正的体育用品消费者有60%～70%是把这些运动品牌的服装穿在日常的生活中的，他们希望通过某种运动服装满足自己内心渴望的对某种生活方式的向往。

营销的终极目的就是创造一种新的生活方式。品牌的至高境界就是代表一种生活方式。体育用品只能也只有通过生活方式营销来赋予品牌个性和品牌内涵。生活方式场景的展现能够最大限度地唤醒消费者心中对某种生活方式的向往和追求，运动品牌赋予的精神动力，甚至能够超越代言人的感召力。

许多品牌面临的问题是如何进入新的市场区间，引入新产品的同时避免创立新品牌的风险和花费。拉尔夫·劳伦解决了这个问题，导入生活方式从而成为世界上最成功的服装品牌之一。

1968年设计师拉尔夫·劳伦创立了自己的公司，以Polo拉尔夫·劳伦的品牌销售高质量的男装。马球运动员的高消费阶层形象恰好符合Polo拉尔夫·劳伦的核心识别，即高品位的乡间俱乐部的生活方式。

近来拉尔夫·劳伦最重大的新政策之一是将Polo扩展到以年轻人为目标、更有现代感的领域。Polo运动装和Polo牛仔装扩大了拉尔夫·劳伦的潜在顾客基数，有效地增加了Polo品牌的资产价值。这种品牌策略使拉尔夫·劳伦品牌得以回应越来越休闲和舒适的生活方式，并使Polo运动装和Polo牛仔成为代表现代生活方式的产品，并将它们与古典的品牌区分开，使品牌更年轻，更有活力。

按照定位理论推理，如果没有给品牌注入生活方式元素，Polo拉尔夫·劳伦品牌很难提供全系列的产品，并取得成功。生活方式松绑了Polo拉尔夫·劳伦品牌定位，放宽了他们的经营范围。

而生活方式营销的应用则要看麦当劳，在麦当劳的每一个店铺里都有很多看似与快餐和汉堡无关的POP图片，展现的都是各种生活方式场景，并且大多

数都是户外生活方式。这些看似与快餐和汉堡无关的场景图片却刺激了顾客心智深处渴望的某种东西，实实在在地为麦当劳带来了销量增长。

目前国内的各运动品牌专卖店几乎是一个面孔，各种产品都有，唯独少了相对应的生活方式场景展现。在产品概念和功能上反复做文章属于工业品的做法。而生活方式场景是最能够唤醒消费者心智深层引发购物行动的因素，是最能够让消费者产生品牌心理归属的因素，是最能够体现品牌精神和个性的元素。

（二）体育用品零售店的POP广告的营销方式

体育用品零售店的POP广告应该围绕生活方式来展开营销，利用生活方式来吸引消费者是最简单有效的营销方式。

1. 通过试衣间粘贴的POP广告表现不同的生活方式场景

体育用品的适用范围是没有严格界定的，在试衣间壁面上用不同的生活方式场景图片可以衬托出顾客所希望的效果。例如，在登山者喜欢的雪山图片前面，他穿着网球衫同样会感觉清爽舒服。可根据不同的时令推出不同的极具诱惑力的生活方式场景来吸引顾客，帮助顾客做出购买决定。

2. 设定主题，划分专门的展区

不同的季节，不同的主题，不同的场景对应不同的产品。如春季的花海和缤纷的花语，夏季的海滩和那份清凉，秋季的硕果和那一抹金黄，冬季的白雪和滑雪场。不同的主题选用不同的POP广告做专题展出，专题促销的效果也会大大超过简单的打折。

3. 开设生活方式活动月

体育用品零售店开展的某主题的生活方式活动月，在活动期间开展促销及宣传，去代表某一种生活方式，进而围绕这一生活方式进行产品的创新，占据这一生活方式的领袖地位后，进而延伸至多种运动和休闲产品。

通过简单的POP广告能否改变零售店的销售呢？通过上述的描述，我们认为是完全可以的。零售店是品牌演绎的地面舞台，是与消费者亲密接触的聊吧。在多极化传播的时代，网络交流的时代，生活方式营销将成为最有力的营销手段。

第四节　POP 广告与视觉构成

一、视觉构成的两要素

视觉构成中最直观的是文字内容及色彩运用。POP 广告制作所使用的字体，单就印刷体而言，高达数百种之多，如果包括手写字体，那其中所变化出来的字体形式，更是无穷无尽、难以估计。而且这些手写字体，每种都是有自己的风格的，所以使用时必须依商品形象与诉求内容来区分使用。所以只要依照商品形象和诉求内容去表现它，那将会使 POP 广告更具吸引力。

一般以视觉为诉求的 POP 广告都必须靠文字和色彩来展现其独特的魅力。与文字相同的一点是，色彩与图案也同样具有不同的情感因素，运用时都要经过仔细评估与分析，才能达到最好的效果。

据调查，有效利用 POP 广告的色彩、文字、尺寸及张贴量等，能明显改变卖场的销售氛围以及提高消费者的购买动机，从而使营业状况更佳。这表明销售时若采取热烈的卖场布置，则较之温和的表现方式更有帮助。

成功完美的 POP 广告绝不是靠以往的经验或设计理念所能形成的，而应集合众人的创意与意志的表现才能形成。

二、POP 广告的色彩运用

(一) 色彩在 POP 广告设计中的作用

色彩在 POP 广告设计中的作用体现在以下几个方面。

1. 视觉的指示与诱导作用

商业环境的主色系，以及各区域的标志色、道具色、商品色等的普遍运用和综合性的统一，在整个商业环境中都能起到良好的指示与诱导作用。例如，在商

业环境中，每个成熟的品牌都以已经限定的标志色彩、商品展示区标准色来区别于其他商业区域商品。

2. 产生良好的视觉效果

运用色彩的对比作用和调节作用，通过色彩之间的对比，以及背景和商品之间的反衬、烘托和色光的辉映，使商品在顾客眼里获得特定的、良好的视觉效果与心理效果。由于顾客先是从远处观看商品，大块的商品展示区域如果没有有序的色彩组合，其视觉张力强度就不足以吸引顾客。

商品按照一定的色彩关系分组陈列，可以给顾客以舒适的观感，让顾客在观看商品的同时，产生购物的兴趣。一般而言，饮食品多应采用暖色系，可以增强人的食欲并给人以味美的感觉，化妆品陈列多应采用淡色系或亮色系，以提高商品的明视度。

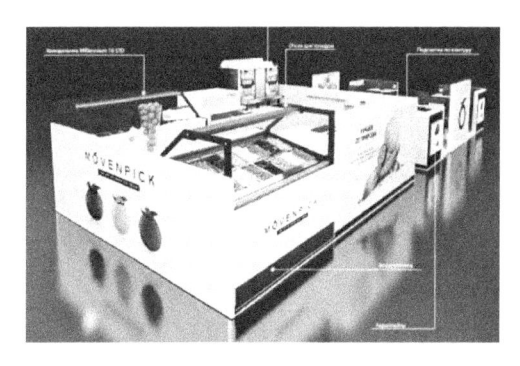

3. 作用于特定的视觉心理、达到促销的效果

在消费品购物环境里，顾客往往为各种目不暇接的新商品所激动，产生强烈的购买冲动。不同类型的POP广告由于具有不同的功能与目标，因此有着为实现

不同功能与目标的不同的设计特征，包括不同的情调与氛围。尽管玩具商铺与餐饮业的POP广告设计色彩都倾向于令人兴奋的暖色系，但两者仍有不少差异，特别是在色彩氛围上，前者重想象力与情趣，后者重洁净与温馨。商品销售环境和广告设计的色彩基调，由于能很快地作用于人的视觉心理，所以能够直接影响POP广告的促销效果。

4.装饰和审美作用

赏心悦目的POP广告色彩，统一和谐的色调，富有韵律感、节奏感的色彩组合序列，不仅能美化设计，而且能够美化商业环境。

（二）POP广告色彩的设计与应用

POP广告中色彩的设计与应用，是通过采用不同的色相、明度、纯度的有机结合，构成美的视觉形象而感染观者，从而吸引消费者的注意力，达到引导消费的目的。

色彩不仅可以通过人的视觉传达丰富的信息，而且可以作用于人的心理和情绪，这就是色彩在商业艺术和人类生活中都受到特别重视的原因。在POP广告设计中，色彩设计占有很重要的位置。POP广告优秀的色彩设计，能在销售环境中让色彩发挥特殊的作用。在进行POP广告色彩的设计时应注意以下几点：

①从整体出发，色彩不宜过多，以免花哨。
②选择最接近商品外包装的色彩。
③色彩对比强烈，则在环境中寻求突出。
④按季节变换色彩，这是永远留住顾客的秘诀。
⑤从行业上把握色彩的应用，不同的行业有不同的色彩倾向。

第五节　POP广告与海报的整合运用

一、POP广告海报的组成和作用

虽然POP广告包含了在商店建筑内外所有能帮助促销的广告物，但一提起广告，恐怕最先想到的就是海报式POP。海报广告一般分布在各街道、影剧院、展览会、商业闹区、车站、码头、公园等公共场所，国外也称其为"瞬间"的街头艺术，范围比较广。其还包括商场内和商场外一切提供有关商品信息、服务、指示、引导等功能的标示性招贴；其他在零售店内外，能帮助促销的粘贴、悬挂或

内置于灯箱等其他附属物的所有平面广告物；以及悬挂着的横幅、竖幅标语等。

POP 广告海报应用最多的地方就是超市卖场及各类零售终端专卖店。引人注目的商品橱窗、色彩鲜艳的广告塔和指示牌将提供商品信息并引导受众进入店内。在任何销售场所，POP 广告海报也同样起着传达商品销售信息、介绍商品特点、吸引消费者眼球、介绍商品类别和区域、指引消费者选购等多种广告宣传作用，所以它被称为"最贴心的传播者"。

POP 广告海报中最令人侧目的是手绘 POP 广告海报的兴起。手绘 POP 广告海报由早期形式简单、不重视美观仅在乎告知信息的文字POP 广告，发展到最近演变出的手绘 POP 文化。手绘 POP 广告海报是近年来产生的一项艺术，大量的图案及素材活泼地呈现在海报上，色彩丰富，吸引着人的目光。而除了在商业上应用之外，校园内也逐渐流行起手绘 POP 广告海报的绘制，凡社团活动、学会宣传、校际活动，无不利用最简单的工具来绘制各式各样的海报。而手绘海报也由最初的"大字报"时期变型为图文并茂的"图文看板"。

二、POP 广告海报设计中关注的要素

在销售场所内外，运用海报整合 POP 系列广告，要注重强调海报画面大、内容广泛、艺术表现力丰富、远视效果强烈等特点，设计中需主要关注以下几个要素。

（一）画面幅度要大

海报不是捧在手上的设计或艺术品，而是张贴在热闹场所的广告信息的视觉传达者。它受周围环境和各种因素的干扰，所以必须以大画面及突出的形象和色彩展现在人们面前。其画面设计类型有全开、对开、长三开及八张全开等。

POP 广告设计

(二) 需达到远视较强的视觉提醒效果

为了给来去匆忙的人们留下印象,除了面积大之外,海报设计还要充分体现定位设计的原理。以突出的商标、标题、图形与对比强烈的色彩,或大面积空白、简练的视觉流程,成为视觉焦点。如果就形式上区分广告与其他视觉艺术,海报可以说更具广告的典型性。

(三) 用艺术感染力提高广告诉求力度

就海报的整体而言,它包括了商业和非商业方面的种种广告。就每张海报而言,其针对性很强。商品海报中具有艺术表现力的摄影、造型写实的绘画和漫画表现较多,给消费者留下真实感人的画面和富有幽默情趣的感受。

作为整个POP广告宣传空间中的重要角色,POP广告海报是除立体形态POP广告设计之外的POP广告体系中一个很大的分支。它在商业环境场所的运用中讲究宣传的整体性,比起其他POP广告类别来说,更具强大的诉求效果和感染力,给人留下深刻的印象。有POP广告海报的POP广告系列的整体布置,在商店环境中会有更好的商品信息传达效果,并且显得更加系统、整齐和美观。对于一幅具体的POP广告海报来说,它既是一件小的相对独立的平面设计,又是整个POP广告中不可分割的重要组成部分。

在POP广告海报设计中,设计者要充分发挥海报面积大、纸张好、印刷精美的特点,通过了解商品、厂家和环境的具体情况,充分发挥设计想象力。以新颖

142

的构思、短而生动的标题和广告语以及具有个性的表现形式，突出海报的远视性和艺术性。在特定的设计构思中，POP广告海报还可以和立体的POP广告组合成某种立体形态。POP广告海报不仅具有形、色、构图等，还可以运用声、电等其他手段，使之呈现更丰富、优美、有趣的面貌，以吸引顾客，引发消费者的购买欲望。

三、平面POP广告海报的分类

在竞争激烈的社会环境中，在商品讲求个性化的时代，如何使POP广告得以有效地运用，以吸引更多的消费者关注，甚至引发他们的购买欲望？实践已证明，POP广告是零售业开展市场营销活动、赢得竞争优势的利器。

POP广告的制作主要分为两种：一种是商业店铺自行制作的POP广告，主要由店铺的美工或促销人员自行动手制作，虽然其生产效率远不及厂商制作POP广告，然而可针对店铺的需要，制作出更能突出店铺特色的POP广告；另一种是厂商制作的POP广告，主要应用于商品的促销，因此此类广告的制作，大多为批量生产，且较单一。

（一）商业类

商业类海报是指宣传商品或商业服务的商业广告性海报。商业类海报的设计，要恰当地配合产品的格调和受众对象。可以以具有艺术表现力的摄影、造型写实的绘画或漫画形式表现为主，为消费者提供真实感人的画面。

（二）节庆类

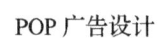

节庆类海报是指在节日期间，利用消费者的节日消费心理，进行的促销宣传活动海报。国内的节日大多以喜庆热闹的风格为主，画面大量采用红、黄、绿等艳丽的色彩，表现出热爱生活、积极向上的美好情感，如春节以红色为主。国外的节日多，风格也多，如红色与绿色是圣诞节的主体颜色。

（三）美食类

美食类海报是针对食品的价格、味道、特色等方面进行介绍的宣传海报。在色彩运用上多数采用能引起人们食欲的暖色系，也可根据食物特点选择性用色，如海鲜食品使用蓝色调，辛辣食品使用红色调。

（四）公益类

公益类海报带有一定的思想性，有特定的对公众的教育意义。这类海报主题包括各种社会公益、道德的宣传，或政治思想的宣传，弘扬爱心奉献、学习共同进步的精神等。

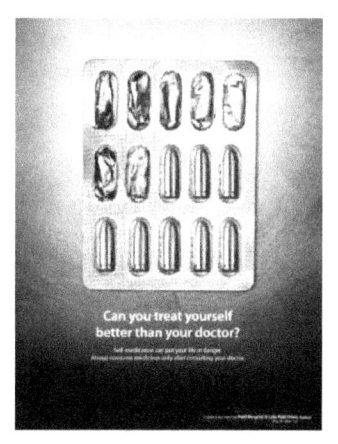

第六节　POP 广告与包装设计的整合运用

POP 广告的形式和种类可以说无所不包，并且不时在现有形式之外出现新的形式，如包装式 POP 广告。包装式 POP 广告，是一种广告式的商品销售包装，即将包装作为广告展示来设计的一种 POP 广告，也可称为"广告式包装"。它多陈列于商品销售点，是有效的现场广告手段。

包装式 POP 广告一般是利用商品包装盒盖或盒身部分进行的特定结构形式的一种视觉传达设计。它是将包装与广告宣传结合在一起构成的一种特殊的广告形式。它一般以放置于柜台上将其完整的包装打开，通过预先设置的结构形式展示商品和广告内容，代替柜台式 POP 广告的促销形式来使用。

这种广告形式最早起源于欧美，随着大型商场的出现，包装式 POP 广告也随着平面 POP 广告和柜台式 POP 广告的出现应运而生，扮演起"无声推销员"和"产品讲解助手"的角色。近年来，包装式 POP 广告这一独特新颖、快捷、便利的广告形式越来越风靡华夏大地，商业界和企业纷纷采用这一别开生面的促销手段积极开拓市场。目前，国内外 POP 广告与包装设计已发展到食品、玩具、文体用品、化妆品、医药用品、纺织品、五金产品、日用品等领域。可见，这种包装设计的发展潜力是非常大的。它不需借助其他的媒体，如电视、报刊、路牌、灯箱等形式进行宣传，而是直接在销售点通过包装自身的"广告牌"这一自我的广告与包装相结合的宣传形式，把商品内容、特征、优点一一地展示出来，直接把商品真实、直观地介绍给消费者。

另外，值得注意的是广告式包装直接用于销售点，即它是通过广告结合实物进行商品宣传，较注重现场心理感官。POP 广告以建立消费者对商品的愉快、喜悦以及兴趣为目标，消除消费者对商品的抵触情绪，着重宣传商品的特色，宣传与竞争对手的产品的不同之处，一般附有图示、价格说明或者优惠券信息，使消费者在购物时得到额外的收获（如大减价、赠品、抽奖）。在做此类设计时，首先广告整体要醒目，画面要富于装饰性，动感强，使年轻人一看就能对产品留下深刻的印象；其次广告陈列、收放要方便，要富有趣味性，同时能简明表达产品的特点、优越性、用途及使用方法，引起年轻人的购买兴趣。

综上所述，广告式包装本质是一种包装，但又起到广告作用，是两者的结合形式。从包装的角度来说，广告式包装是一种宣传力度较强，较能够激发人心的包装形式与促销手段；但是，从广告方面来说，广告式包装也是一种比较有局限性的宣传，至少它的有效作用范围是有限的。这就涉及两点：一是，广告式包装所设区域成为其成功的关键；二是，在顾及成本的同时，广告的宣传力度是否足够，成为能否吸引消费者的前提条件。换言之，广告式包装需要充分利用其现场广告优势，在商品满足消费者物质需求之前，先利用广告满足消费者的心理需求或触发其需求，引导消费者相信他的购买行为将是正确的，从而做出购买决策。这种引导对于青年消费者尤为重要，让他们相信自己的购买行为是正确的或者值得的，是保证他们进一步消费的前提条件，但同时设计者也应注意不要误导，否则造成他们对产品的不信任感也将是深远的。

其实，任何一个包装都不会是仅仅对某一种策略的简单应用，而是一种对诸多心理因素综合掌控的多个包装策略的集合。例如，大多数包装都会有展示性的文字、图案、结构等，广义上说，这就是一种广告式包装，但是，与此同时，它的宣传意义可能是时尚的、个性的、能引起年轻人共鸣的，所以，这也可以被认作是一种时尚化的、差异化的包装策略。

归根究底，包装式 POP 广告是一种消费文化的体现，如果将它作为一种独立意识来对待，可以对其进行系统的分类与归纳；如果从联系的观点来看，又可以把包装策略全归结为包装的消费心理策略，关键在于给予消费者心理所需，社会在变，流行在变，企业在进行商品包装时要特别注意了解和把握青年消费者的消费心理和发展趋势。设计师除了使所设计的包装具有基本的保护功能外，还应当满足受众的心理要求，以消费者为中心，设计才会永远具有旺盛的生命力，充分考虑青年群体消费心理的包装设计必将激发其新的功能和增强其艺术吸引力。

第六章
手绘 POP 广告制作

第一节　手绘 POP 广告的特征及应用素材

一、手绘 POP 广告的优点

第一，在表达手法方面，手绘 POP 广告是目前应用最广、最经济、最迅速的一种手法，其以醒目的色彩搭配、灵活多变的版式布局、准确生动的语言、幽默夸张的插图，吸引消费者的眼球，向消费者宣传和传递商品的特色。

第二，手绘 POP 广告流露出的亲切感是其他印刷品所不能表达的，它有"无声的售货员"和"最忠实的推销员"的美称。在卖场中，当消费者面对诸多商品而无法选择时，即可参照手绘 POP 广告传递的商品信息进行选购；或者当消费者步入卖场时，已将其他传播媒体的广告内容所遗忘，摆放在商品周围的

一幅引人入胜的手绘 POP 广告,可以唤起自己的潜在意识,重新回忆起商品信息,促成购买行动。

第三,在载体方面,纸张、布料、塑料板及玻璃等,都是目前很好用的 POP 广告设计载体。利用专用的绘画工具通过手工绘制完成 POP 广告设计,耗材少、成本低,节约费用开支,制作快捷、省时,具有很强的机动性、灵活性、快捷性。

第四,手绘 POP 广告能够搭配卖场的整体格调,可区分平面的 POP 广告海报和悬挂式的立体 POP 广告海报等,既有助于推销商品,又能营造出卖场的热卖氛围。

第五,商业意识促进了手绘 POP 广告的设计,手绘 POP 广告结合了人文艺术。手绘 POP 广告已经是一种专门艺术,从专业角度讲,已是一门学科。当前,POP 广告已成为时代的佼佼者,它本身不具有电视、报纸等新闻媒体那样的促销力度,但它具有制作成本低、形式变化灵活、传达速度快、反馈信息准的特性,从而成为现今商业经营中一种最有效、最广泛、最实用的不可或缺的手段和策略。

二、手绘 POP 广告的缺点

手绘 POP 广告与机制 POP 广告相比,其有优势也有劣势。其劣势表现为以下几方面。

第一,需要专职美工,手绘 POP 广告的人力成本和印刷纸张成本高。手绘 POP 广告的成本具体分为:① 人员成本,按照一般大型城市美工的平均工资相对较高;② 单张 POP 广告纸张成本,由于目前国内企业采用的是"套写 POP 广告"形式,即采用事先印刷好的 POP 广告进行书写,一般都是采用高克数的铜版纸,成本比较高;③ 马克笔成本,这部分的成本比较低,可以忽略不计。

机制 POP 广告的成本包括:① 设备投入成本,包括软件、硬件投入,按照不同的要求,这部分投入一般在 2~3 万;② 单张 POP 广告纸张成本,由于机制 POP 广告一般都是采用普通复印纸,因此纸张的成本非常低;③ 单张 POP 广告墨水耗材成本,这是 POP 广告日常运作最大的成本,如果采用原装耗材,A2 幅面的复印纸单张成本可能要达到 2 元,如果采用通用耗材,则便宜得多,成本一般为

原装耗材的几十分之一。

经过实际使用情况计算，只要合理规划POP广告的版面及使用合适的耗材，机制POP广告的单张成本与手绘POP广告基本持平，在很多时候甚至还要低很多，如A1幅面的机制POP广告成本不超过1.5元，这已大大降低了企业的POP广告成本。在POP广告制作量很大的情况下，采用机制POP广告制作，会大大减少POP广告设计美工数量，基本上可以认定，一套机制POP广告的工作效率可以比得上7～10个美工，一套机制POP广告制作系统的成本，为两三个美工的年综合成本，随着POP广告输出设备及耗材成本的不断降低，综合成本会出现逐步降低的趋势。

第二，版面不够规范，手工书写不够工整，影响卖场形象。

第三，手绘POP广告制作周期长，短时间内无法进行大批量POP广告制作。

第四，手工表现方式缺乏直观性，且缺少可以突出产品特点的表现方式（如图片、图形）。

三、手绘POP广告的应用素材

"工欲善其事，必先利其器"。要创作出好的手绘POP广告作品，设计者除了要技术娴熟之外，正确地使用工具也是十分重要的。描绘或书写POP广告的工具种类繁多，每一种素材都有其独特的表现方法及性质，要如何选择也是一道难题。除了理论上的知识外，也要从不断练习摸索中得到较实际的经验，这是初学者必须体会的。

（一）笔材选择

1. 马克笔

马克笔是手绘POP广告应用最普遍的工具，它的特点是绘写快速、干净、收拾方便，充分符合POP广告设计的机动性、经济性、便捷性。也因此，马克笔与手绘POP广告设计几乎画上了等号。

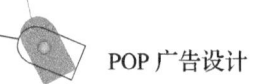

根据马克笔的溶剂材质，可将其分为水性马克笔及油性马克笔两种。

（1）水性马克笔

没有刺激的味道，长时间使用，人不会有头昏目眩的感觉。因为书写后干燥速度稍慢，所以可以制造渲染或渐层的效果。注意不要用湿的手碰触纸面，以免弄坏字体和图形。

（2）油性马克笔

因为其含有易挥发的化学材质，所以会有刺鼻的味道，人长时间使用易造成身体的不适，故工作地点最好选择在通风良好的场所。它的最大优点是书写后干燥速度快且不易沾污纸面。

根据马克笔的笔芯造型，又可将其分为以下几种类型。

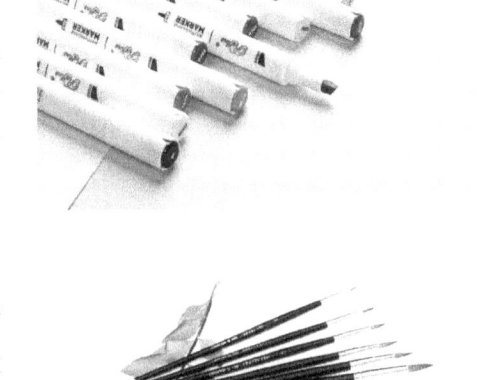

（1）角型马克笔

笔芯形状为45°斜切面，书写时笔芯与纸面要保持45°，才能书写。常见尺寸范围为3～15 mm。

（2）平口型马克笔

笔芯形状为90°横切面，市面上出售的大型马克笔多属此类。常见尺寸范围为3～30 mm。

（3）圆头型马克笔

笔芯为圆头状，书写时无须转动马克笔，使用非常方便。常见尺寸范围为1～10 mm（可用各式彩色笔替代）。

上述马克笔各有各的书写领域，无所谓孰好孰非，重要的是配合书写的文案的大小、POP广告的尺寸等，产生不同的表现效果。

2. 软笔

书写笔材主要分为硬笔和软笔两大类。硬笔类有马克笔、粉蜡笔、勾边笔等；软笔类则有毛笔、水彩笔、平涂笔等。

软笔与常用的马克笔的最大不同点是，马克笔可以补充墨水，书写方便且迅速；而软笔必须在书写前先调好水溶性颜料，蘸到颜料才能逐一写出，书写完成

后还要晾干，因此比较费时。但是软笔的绘制空间远大于马克笔，笔材不但富有弹性，运笔时可依书写者的技巧，产生粗细、浓淡的笔法，线条极为丰富。

毛笔、水彩笔等是书写变体字用的，而平涂笔则可替换马克笔在深色海报上作图。因为软笔所用的颜料有厚度，可以压过任何底色的纸张，甚至是黑色。因此不用像马克笔所绘制的海报必须是白色或浅色的，而是可以尽情徜徉在颜色的变化里，最大限度地发挥创作。

虽然软笔的应用常常只是点缀性地穿插在众多POP广告设计之中，但是它有绝对的潜力，只在书写者是否看重而已。

3. 粉蜡笔、粉彩笔

粉蜡笔、粉彩笔依造型可分棒形、笔形等类型。两种笔材皆含蜡质或胶质，书写时不如马克笔具有渗透性，纸面的附着力较差，故绘画时最好选用表面粗糙的纸张。为了使颜料不污损画面，在绘制完成后最好喷上保护胶，这样颜料才不易脱落，书写才能保持完整。

书写时，这两种笔的侧面表现效果与马克笔、平涂笔相同。但由于粉蜡笔、粉彩笔书写的字看起来稍微粗糙，如果书写完成后能再加上框边的装饰，那么效果会更加完美。

4. 彩色铅笔

彩色铅笔色彩柔和，风格淳朴，是插画师使用的重要绘画工具之一。既可绘制写实风格的作品，又可绘制轻盈透明的作品。彩色铅笔的特点是携带方便、色彩丰富，表现手法快速、简洁。

彩色铅笔分为水溶性与蜡质两

种。其中水溶性彩色铅笔较为常用，与水混合可以表现出浸润感，也可用手指擦抹出柔和的效果。不宜大面积单色使用，否则画面会显得呆板、平淡。

5. 装饰用笔

对于手绘 POP 广告朝着精致化方向发展，单靠软笔、马克笔的原始表现是不够的，善用身边现有的笔材加以灵活运用，才有更杰出的表现。

装饰用笔只是一个总的名称，凡是勾边笔、奇异笔、荧光笔、签字笔等能够用于装饰表现的，都可统称为装饰用笔。

在手绘 POP 广告中，能适当地使用装饰笔材使 POP 广告整体表现更丰富、内容更具可看性，才是成功之作。但是千万不要过度使用，否则画面将显得散乱，令人反感。

（二）颜料选择

颜料的选择与笔材的搭配是息息相关的，二者相辅相成，尤其是软笔，在没有颜料的辅助下是不可能写字作画的。

水彩、广告颜料、墨汁、彩色墨水是目前较常使用的颜料，颜色种类繁多，无论是书写文字或是绘制插图，都可做到很好的表现。

1. 水彩

水彩分为透明水彩与不透明水彩两种，由于水彩的延展性强，配合不同材质的纸张，可做出渲染、重叠、缝合等效果，表现更为多样化。

2. 广告颜料

广告颜料的色彩鲜明、不透明，适合字体书写及大块面的涂刷之用。使用时对于水分和颜料的比例需要控制得宜。颜料太稀，饱和度便差，海报的底色便会显露出来；颜料太浓，运笔滞涩，容易留下毛边以及笔触。广告颜料干燥以后，彩度会稍稍降低，所以对作品要求较高时，可先将色差计算在内。

3. 墨汁

众颜料中，就属墨汁最为大众化。

墨汁价格便宜、使用方便，可直接用于作黑色的图案，由于其浓淡适中，可省去调色麻烦，符合手绘POP广告的高度机动性。

4.彩色墨水

顾名思义，彩色墨水即有各种颜色的墨水，因为是墨水，所以没有粒子，具备了高彩度及高透明度。彩色墨水虽是水溶性颜料，但是在完全干燥后却有防水效果。绘制时需由淡而浓、由浅而深，这一点要特别注意。

（三）纸张选择

可用于手绘POP广告的纸材相当多，绘制后的效果也因纸质的差异而有不同的质感。纸面过度光滑、吸水性太差的纸张，以及纸面过度粗糙、吸水性太强的纸张，均不适合于手绘POP广告的书写。所以纸张的选择也是手绘POP广告设计成功与否的重要环节。

1.白色纸张

为何常见的海报大多为白色纸张，理由很简单，白色纸张颜色最浅，不会与马克笔相吃色，造成颜色混浊；另外，颜色单纯，最适合做各种变化。根据经验得知，胶版纸（也称道林纸）最适合于手绘POP广告的书写，纸张价格便宜且效果好。

2.有色纸张

白色纸张海报的制作虽然较为容易，但对于过年过节、结婚等场合，此类海报或许较难烘托出气氛，因此有了有色纸张海报的制作。

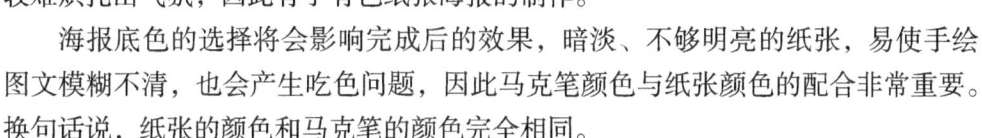

海报底色的选择将会影响完成后的效果，暗淡、不够明亮的纸张，易使手绘图文模糊不清，也会产生吃色问题，因此马克笔颜色与纸张颜色的配合非常重要。换句话说，纸张的颜色和马克笔的颜色完全相同。

（四）辅助工具的使用

辅助工具的使用使手绘POP广告的制作更为顺利。一件手绘POP广告的完成需要相当多的工具，包括绘制的笔材、裁剪的剪子、粘贴的胶类等，绘制过程中所接触的工具还有很多，以下便针对常见的辅助工具做一介绍。

1.笔材工具

笔材工具包括签字笔、奇异笔、彩色铅笔、针管笔、鸭嘴笔、蘸水笔等。

2.裁剪工具

裁剪工具包括剪刀、裁刀、美工刀、圆规刀、锯齿剪、切割刀等。

3.测量工具

测量工具包括直尺、丁字尺、三角板、钢尺、比例尺、圆规、分规等。

4.粘贴工具

粘贴工具包括相片胶、胶棒、双面胶、泡棉胶、喷胶、白胶、胶水等。

5.其他工具的使用

其他工具包括感光台、橡皮擦、圆钉、大头针、胶台、钉枪、订书机等。

善用身边现有工具是从事手绘POP广告制作的一大法则，会发现每件工具的背后还隐藏着其他不同的功能。

第二节 手绘POP广告的版面编排

手绘POP广告着重于视觉表现，不管哪种表现方式都要先经过版面编排才能制作。编排是指将文字、插图、装饰、色彩等安排在一版面上，基于美的原理，对其做一些适当配置，以期达到最优的效果。

一、手绘 POP 广告版面编排的功能

好的编排能使消费者在最短的时间内浏览完 POP 广告，并有一定程度的了解，进而发挥广告的效果。手绘 POP 广告版面编排的功能如下：

①导引视觉动线：文字的编排模式为横式由左至右、竖式由上至下，广告的表现同样如此。

②提高阅读兴趣：好的编排可提高阅读者的兴趣，激发他们多了解一些信息的念头。

③增强理解能力：强化广告信息，使消费者易于了解 POP 广告所诉求的内容。

④强化说服力：单凭文字稍嫌不足，插图的加入可强化说服力。

⑤引起认同感：广告的表现可利用优美、新颖、奇特、夸张等的编排方式引起消费者认同，获得回响。

二、手绘 POP 广告版面编排的原则

在手绘 POP 广告版面编排中，应遵循以下原则。

（一）诉求重点的醒目性

在手绘 POP 广告版面编排中，为提升企业形象和消费者对商品的认知度，应当采用企业标准字，而文字的编排效果则是吸引消费者注意力的重要手段。此时应将诉求重点凸显于画面，形成冲击力，让消费者能够在最短的时间内认知企业及其产品，才能达到最佳的视觉传达效果。

（二）视觉动线的有序性

在进行版面编排时要注意观者的视觉动线。所谓视觉动线，就是观者对版面上编排的各诉求内容的自然浏览顺序。因此，版面编排必须考虑消费者的阅读习惯，尽量与其保持一致。人们的视觉动线具有一定的方向性，浏览广告时，易受版面构成的线性所牵引。如画面有垂直"线"，眼睛就会自上而下移动；如有水平"线"，眼睛则会自左而右移动；如有斜"线"，眼睛则向倾斜的方向移动。根据这一原理，版面编排时一定要遵守相应的原则，方能让消费者很顺利地看懂广告的诉求内容。如果在编排上时直时横、忽左忽右，就会令人眼花缭乱，其诉求效果可想而知。

另外，画面负空间对观者视觉动线的形成与引导也会产生很大的影响。在版面编排中，负空间是指除文字、图形本身所占用的画面空间之外的空间，即字间距及周围空白区域。文字组合得是否恰当，很大程度上取决于负空间的运用是否得当。如字的行距应大于字的间距，否则观者的视线难以按一定的方向和顺序进行阅读。值得注意的是，并不是只有文字才能引导视觉动线，很大程度上，广告图片本身也具有一定的视觉引导性，同时画面对比度的大小、画面冲击力的强弱也会影响视觉动线。

（三）图文配置的协调性

所谓协调，主要是指字形的大小及字的位置、空间的安排是否与图形取得平衡，不能顾此失彼，貌合神离。

文字在广告中既要醒目、易读，又不可游离于画面，与图形脱节。应将文字看成画面的有机部分，让文字的编排也参与"造型"。所谓图文并茂，就是将图与文"并"在一起形成合力，更显艺术表现力和视觉美。

三、手绘 POP 广告版面编排的形式

（一）居中编排形式

在构思整张广告编排方案时，其中一个很重要的原则就是不要顶天立地。这主要包括两方面的内容：一是要把握留天、留地、留四周的原则，这样不会使人

产生压迫感；二是要素与要素之间不要混排，居中编排是最扎实、最完整的编排形式，即将所有的要素对齐并居中排列，不要把说明文字与指示线放在最上面，其他要素均可对调变化。

（二）主副标题编排形式

制作POP广告海报时，主副标题色彩的搭配是一个很重要的因素。通常当主标题为深色调时，副标题会选用中间调；当主标题为浅色调或中间调时，副标题则用深色调，这样会使画面看起来更加生动。

（三）配件装饰的编排形式

配合前面介绍的编排形式，进行不同的配件装饰，可以使版面的编排更完整。装饰虽是配角，但能起到画龙点睛的作用，只要少许的时间，即可迅速提升手绘POP广告的整体效果，在精致度、可看性、空间规划等方面都有不错的效果。

配件装饰虽然在手绘POP广告的设计上效果很好，但也不能胡乱添加，在不影响主题的前提下，在空洞、散乱的地方适当添加，才能发挥装饰的最大效用。

（四）综合编排形式

编排可采用横排或竖排，应用正体字、变体字、数字等书写技巧并配合饰框、各式指示图案及造型图框来丰富版面，会使手绘POP广告的变化空间加大，增大设计的创意空间。

第三节　手绘POP广告的插画制作

一、插画的基础

（一）插画的定义与功能

在现代手绘POP广告设计领域，插画可以说是最具有表现意味的，它与绘画艺术有着紧密的联系。手绘POP广告插画的许多表现技法都是借鉴了绘画艺术的

表现技法。手绘 POP 广告插画艺术与绘画艺术的联姻使得前者无论是在表现技法多样性方面，还是在设计主题表现深度和广度方面都有着长足的进步，展示出更加独特的艺术魅力，从而更具表现力。从某种意义上讲，绘画艺术成了基础学科，手绘 POP 广告插画成了应用学科。纵观手绘 POP 广告插画的发展，其应用范围在不断扩大。特别是在信息高速发展的今天，人们的日常生活中充满了各式各样的 POP 广告信息，手绘 POP 广告插画设计已成为现实社会不可或缺的艺术形式。因此，如何对现代手绘 POP 广告插画的诸多知识加以深入学习、思考和研究，是设计者学习的目的所在。

1. 插画的定义

手绘 POP 广告插画是指插附在文字当中的图画，对正文内容起补充说明或艺术欣赏的作用。伴随着现代社会的发展以及信息时代的来临，现代插画的含义已从过去狭义的概念（只限于画和图）变为现在广义的概念，插画就是人们平常所看的 POP 广告、杂志、各种刊物或儿童图画书里，在文字间所加插的图画，是用以增强刊物中文字所给予的趣味性，使文字能更生动、更具象地展现在读者眼前。而在现今各种题材的手绘 POP 广告中，插画的重要性不言而喻。它不但能突出主题思想，还会增强艺术的感染力。

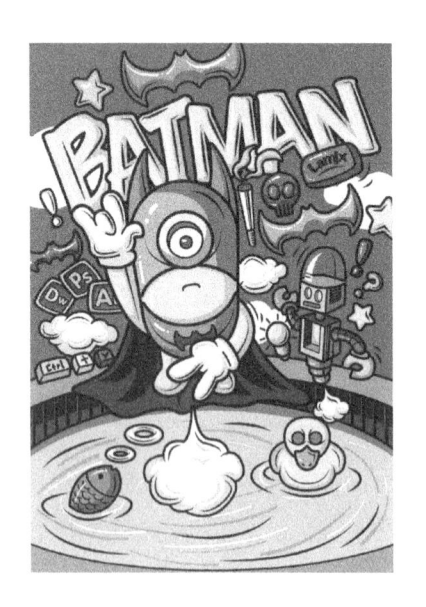

手绘 POP 广告插画以其直观的形象性、真实的生活感和强烈的感染力，在现代手绘 POP 广告设计中占有特定的地位，已广泛用于手绘 POP 广告的多个题材，涉及文化活动、社会公共事业、商业活动、影视文化等方面。

2. 插画的功能

现代手绘 POP 广告插画与一般意义上的艺术插画有一定的区别，两者在功能、表现形式、传播媒介等方面有着差异。现代插画的服务对象是商品。商业活动要求把插画所承载的信息准确、明晰地传达给受众，希望他们对这些信息能正确接

收、把握，并在让受众采取行动的同时使他们获得美的感受，因此说插画完全是为商业活动服务的。

一般意义上的艺术插画有三个功能：作为文字的补充；让人们得到感性认识的满足；表现艺术家的美学观念、插画技巧，甚至表现艺术家的世界观、人生观。

现代手绘POP广告插画的功能性非常强，而偏离视觉传达目的的纯艺术往往使现代插画的功能减弱。因此，设计时不能让插画的主题有歧义，必须鲜明、单纯、准确。

现代插画的诉求功能：展示生动具体的产品和服务形象，直观地传递信息以激发消费者的兴趣；增强广告的说服力，强化商品的感染力，刺激消费者的购买欲望。

现代手绘POP广告插画的基本诉求功能就是，将信息简洁、明确、清晰地传达给受众，引起他们的兴趣，努力使他们信服传递的内容，并在审美过程中欣然接受宣传的内容，诱导他们采取最终的行动。

（二）插画的分类与题材

插画有很多种类别，我们可以按其不同的功能进行分类。

1. 插画的分类

按插画的市场定位分类有时尚插画、卡通低幼插画、写实唯美插画、韩国漫画插画、概念设定插画等；根据制作方法分类有手绘插画、矢量插画、商业插画、新锐插画等；按绘画风格分类有日式卡通插画、欧美插画、韩国游戏插画等；还有手工制作的折纸插画、布纹插画等，风格多样，以满足不同群体的喜好。

应用到手绘POP广告中的插画主要有两类：写实类和卡通漫画类。

（1）写实类插画

在表现人物或物品形象的时候，往往着重刻画或描写细节部分，由于其要求必须真实生动，需要创作者具备一定的美术基础，要对明暗和立体关系掌握得非常到位。所以写实类风格的插画较为精致，也具有较强的视觉冲击力，但对于初学者来说难度较大。

（2）卡通漫画类插画

就是通过夸张、比喻或讽刺的手法加上简单的线条把人物或其他物品特征等表现出来，此类风格的插画幽默、诙谐、活泼，手绘POP广告海报的风格也是如此。

卡通漫画类的插画对于初学者来说，在较短时间内就可以掌握其技巧和绘制方法。

2.插画的题材

手绘POP广告插画题材里，主要有人物题材、食品题材、物品题材、动物题材、植物题材、交通工具题材等。其中，应用频率最高的就是人物、食品、物品三个题材。

（1）餐饮美食类

餐饮美食类题材在手绘POP广告海报中是比较常见的，它可以营造气氛，增加顾客的食欲。插画中可重点刻画餐饮美食类题材，这样可以更加吸引消费者或顾客的注意力。

餐饮美食类题材常用的主题有：美食节、美食街、美食天地、优惠套餐、糕点屋、农家院、家常菜、日本料理、韩国料理、快餐店、特色面馆等。

（2）美容美发类

美容美发类题材在手绘POP广告海报中也是比较常用的，它大多用于各类美容店、瘦身中心、美容中心、发廊、化妆品店的POP广告设计。美容美发题材常见的主题有：发艺沙龙、美容护肤、美白组合、瘦身疗程、减肥中心等。

（3）服装饰品类

服装饰品类题材在手绘POP广告海报中也是比较常用的，大多以服饰店、饰品店为主要应用场所，如儿童服饰店、时尚服饰店、潮流饰品店等。

服装饰品类题材常用的主题有：春季新款、最新推出、换季服装、夏季服装、秋季服装、冬季服装、冬款上市、潮流新款、羽绒服、T恤等。

（4）休闲娱乐类

休闲娱乐题材也是手绘 POP 广告海报中比较常用的，大多以宣传活动或优惠信息为主，休闲娱乐类题材应用的场所比较多，如 KTV、网吧、游乐场、活动中心等。休闲娱乐类题材常用的主题有：健身、网吧优惠、全国旅游、主题酒吧、音乐厅、儿童乐园、游乐场等。

（5）招生简招类

招生简招类题材在手绘 POP 广告海报中也是比较常用的，它常用在学校招生、社团招生及社会招生等场所，所针对的人群也多以青年学生为主。招生简招类题材常用的主题有：手绘 POP 广告招生、英文招生、数理化招生、社团招生及社会招生等。

为了让招生简招类题材更加醒目，可以采用粉红色彩胶纸进行 POP 广告海报制作，标题字可以选择一些颜色比较鲜艳的水性马克笔进行绘制，如黄色、橙色、蓝色等。

（6）通知提示类

通知提示类题材在手绘 POP 广告海报中并不十分常用，一般只有涉及通知等信息的时候才用到，而且里面的文字内容也较多，但在书写的时候字迹一定要清晰明了，以免影响阅读。通知提示类题材常用的主题有：通知、告示、好消息、公告、喜讯、小通知、告知、广而告之等。

（7）商业促销类

商业促销类题材在手绘 POP 广告海报中也是比较常用的。常以商场、超市为主要应用场所，大多以商品的优惠价格及折扣活动为主要内容。

商业促销类题材常用的主题有：特价、大特价、天天特价、每日特价、特价时代、特价风暴、心动特价、每周特价、超级特价、超值价、促销价、惊爆价、惊喜价、批发价、大减价、会员价、热卖价、一口价、清仓大减价、劲爆价、最低价等。

(8) 节日活动类

节日活动类题材是手绘 POP 广告海报中最为常用的，它可以营造节日气氛、提升商家的店面形象，同时也可以宣传节日期间的优惠活动或促销信息。

节日活动类题材常用的主题有：春节好、新年好、新年快乐、新春大吉、情人节、元宵节、愚人节、清明节、劳动节、青年节、母亲节、儿童节、父亲节、端午节、建军节、党的生日、七夕节、教师节、中秋节、国庆节等。

(9) 庆典典礼类

庆典典礼类题材在手绘 POP 广告海报中也是比较常用的，它可以营造欢乐、热闹的氛围，提高商家的店面形象，同时也可以宣传一些庆典期间的优惠活动或促销信息等。

庆典典礼类题材常用的主题有：周年店庆、店庆促销、结婚庆典、生日庆典、开学庆典、活动庆典、开业庆典、开业大优惠、开业大回馈、新店开张、开张优惠、开张大赠送、重新开业等。

二、插画的绘制步骤

（一）构思，了解订货人的意图

从销售者的宗旨或目的出发分析该项目的特性，了解消费者的喜好并考虑季节性、流行性等。

（二）收集资料、购买材料

参照内部装饰和周围环境收集相关资料，根据制作经费的多寡购入适量的资料，为环境或条件可能发生的变化留有一定的余地。

（三）确定设计方案

根据设置场所考虑POP广告的规格和形态，确定设计方案。

三、插画绘制范例

（一）手绘人物类

1. 形式方面

画好人物。设计者平时练习速写很重要。不但要掌握人体构造的基本形态和比例，还要练习画好各种姿势。由骨骼、肌肉、皮下脂肪组成的人体的构图极为复杂，需要单纯化。人的体形比例大体上为身高是头部的7倍，插画绘制时以8倍为基准，可大至10倍。画人物不可能一蹴而就，必须勤学苦练。

2. 内容方面

例如，人物所穿的衣服，它是依据构思、用途、流行、材质等来绘制的，画图时要考虑人物的职业、季节等特征，还要考虑性别、年龄等差异。

（二）手绘饮食类

1. 形式方面

饮食虽然称呼相同，形状却不尽相同。因

国家地域不同，同一名称的饮食其香和味也不尽相同。因此，饮食不能依据名称一概而论，应该掌握具体的味道和形状。要在确认顾客购买的实物之后方可进入POP广告的具体制作。

2. 内容方面

要区别饮食的主材料和外观用材料。如生日蛋糕的主材料是面粉而外观用材料是生奶油。绘画的着眼点应放在外观用材料上，即使主材料各不相同或其由各种材料混合而成也要大胆省略，只突出外观材料即可。几类饮食的插画绘制如下：

咖喱：要注意咖喱的颜色。用黄色、土黄色的混合色来表现。

参鸡汤：整只鸡之外顺便画上人参、大枣、黄芪等。

墨鱼：要画的简单不宜复杂。

杂拌面：表面画上各类火腿和香肠。

（三）手绘物品类

物品类插画在手绘POP广告制作中应用的范围比较广泛，它甚至比人物插画更具感染力，也更能形象地表达主题。

物品题材的插画可谓是各种各样，小到订书钉，大到家用电器，各种现实生活中的物品都可以通过插画绘制而罗列于POP广告中，设计者只要平时多观察和练习，相对于人物类插画，物品类插画掌握起来还是比较容易的，但一定要抓住物品的形状、特征及颜色等元素，这样绘制出的物品插画才能达到预期的效果，也能更好地发挥广告效应。

下面以茶具为例介绍其绘制步骤。

首先，用铅笔勾画出茶具的基本构图，用记号笔进一步勾画轮廓。

其次，先用浅棕色水性马克笔填充插画底色，再用深棕色水性马克笔绘制插画的过渡效果。

第六章　手绘POP广告制作

最后，添加细节。在绘制物品类插画时，为了让插画更加符合整体氛围，可以在画面上书写与物品相近的文字，这样也可以体现插画的内涵。

（四）手绘植物类

植物作为绘画素材在艺术领域被广泛运用。在POP广告插画里，花代表华丽、细腻，树代表安静、平和。就花而言，在与花相关的行业的POP广告设计中，插画可选用写真形式的花，而在其他领域则追加些背景，与实物不同也无妨。举例如下：

椰子树：椰子树的特点是具有大大的树叶，象征夏天旅行的目的地。

马蹄莲：马蹄莲多用于园林设计。

樱花：樱花先开粉红色或白色的花，后长叶（插画与实物不同）。

郁金香：可画成百合科的圆钟形。

下面以花的POP广告设计为例，详细步骤介绍如下：

①画底色。底色深可用亮色写字点缀。亮色主要有白色、黄色、蓝色、浅绿色、粉红色等。

②画花。花用粉红色和白色来画。花在个数上以奇数为好。

③画叶子。俯视花朵，叶子要画在花的周边；侧看花朵，叶子要画在树枝上。

④画蔓藤。在纸张边缘画蔓藤，空白处再画些花和叶子。

⑤写些突出主题的文字。

⑥完成作品。

若想将POP广告的插画画好，应该先掌握POP广告插画的几个特性，因为POP广告插画毕竟有其商业用途上的考虑。因此在创作POP广告作品时一定要有

图文并重追求作品整体效果的观念，而不能重图轻文或重文轻图。接着便要考虑成本、时间能否大量复制等问题，一定要在成本和时间允许的范围内去选择插画的表现方式与材料使用，以免做无用功。画 POP 广告插画容易，难在使插画既契合表达主题又生动自然，引众人喜爱并建立个人风格。想让 POP 广告插画有如此出色的表现，就需要设计者平时积累经验以创造完整度强的画面，另外具备一颗敞开且勇于尝试的心，才能创造出生动及有个性的造型。

第四节　手绘 POP 广告海报制作及分类

一、平面手绘海报的制作

平面手绘海报主要分为白底海报和彩底海报两种，在版式上主要分为横版与竖版。它们的绘制步骤和方法大体上是一致的。

（一）白底海报制作

所谓白底海报就是指在白色的纸张上绘制海报。白底海报能把马克笔的颜色丝毫不差地表现出来，而不会把马克笔的颜色吃掉。另外，白底海报颜色单纯，适合做各种变化，是发挥创意思维的最好载体。因此，白底海报不仅适合初学者制作，也深受手绘 POP 广告高手的喜爱。

1. 横版白底海报制作

横版白底海报制作时先不要去盲目绘制，而要先在纸张上把版式设定好，先把海报的各个组成元素所在位置、所占的面积规划妥当，然后再进行下一步的操作。

2. 竖版白底海报制作

竖版白底海报的制作相对横版白底海报的制作更容易一些，因为竖版白底海报的格式更容易控制，通常都是标题在上，插图和正文在下，不用或很少考虑左右对称和重心的问题。

（二）彩底海报制作

彩底海报制作就是指在彩色纸张上绘制POP广告作品。彩底海报颜色变化丰富，视觉冲击力也比较强，同时更能捕捉视线。吃色问题的处理是彩底海报制作的关键。

彩色胶版纸的颜色非常丰富，但它的表面比铜版纸相对粗糙，所以，若直接用马克笔在其上书写内容，不但颜色会发生变化，也会严重影响笔材的使用寿命。因此，在制作彩底海报的时候，通常要把标题字和插图先在白色铜版纸上绘制好，然后再裁剪下来粘贴到彩色胶版纸上，这样，不但增强了画面的立体效果，也避免了纸张吃色的问题。

二、手绘POP广告海报分类

（一）餐饮类手绘POP广告海报

这类POP广告海报主要以食品题材为主，包括中餐、西餐、饮品等。饮食也是一种文化，创作此类题材的手绘POP广告海报一定要从食品的内涵入手。例如，中国传统菜系的POP广告海报制作中可以搭配一些古典的图纹或印章，西餐类POP广告海报可以做得浪漫、时尚一些。

1. 中餐POP广告海报

中餐的POP广告海报设计通常以中国特色的美食为主要对象，这类题材的手绘POP广告海报需要通过整体的颜色以及图案背景来体现饮食文化。

2. 西餐POP广告海报

西餐类的饮食文化和中国传统饮食文化有所区别，在POP广告海报的设计中，大多要用浪漫或鲜艳的颜色来体现。

3. 其他POP广告海报

不同国家的美味佳肴都是该国饮食文化的体现，制作此类题材的海报就需要了解一些其他国家的饮食文化知识，这样才能更好地表现主题。

（二）服饰类手绘POP广告海报

服饰类手绘POP广告海报海报主要应用于服装专卖店或饰品店，直接向消费者传递服饰特点、价位等信息。时尚服饰类题材的海报，颜色要鲜艳，才能体现时尚的感觉。为了更好地烘托主题，

所选用的插图也要具有时代气息。

以女性服饰为主题的POP广告海报，除了在画面上直接表述服饰的美观外，还可以采取形象法，利用女性类符号配合文字进行表达，从而获得更大的广告效应。

（三）商业类手绘POP广告海报

商业类手绘POP广告海报以传递商业活动信息为主，通常要突出价格、优惠活动等内容，这也是手绘POP广告主要应用的方向。有时为强调重点内容，文字内容通常选择反差比较大的颜色来书写。商业类手绘POP广告海报大多选用醒目的颜色来制作，如黄色、橙色等，制作的海报题材以特价、打折等内容为主，也可以做一些特殊形状的海报来烘托气氛。

1. 特价题材POP广告海报

特价题材是商业类POP广告海报中极为常用的一种，在制作这类海报的时候大多选择醒目的颜色来表现特价商品。

2. 打折题材POP广告海报

商品打折活动多具有期限性，所以要争取在最短的时间内吸引消费者或者顾客的注意力。制作此类海报，在绘制主标题的时候要别出心裁，为了体现实效性，就用"打折"作为主标题。

（四）培训类手绘POP广告海报

培训类手绘POP广告海报是近几年随着市场的发展而逐渐出现的。表现形式如艺术培训、外语培训、文化课程培训等。接受者大多以年轻人为主，所以在海报创作时一定要用比较醒目的颜色、清晰的文字，这样才能将表现的内容更快、更有效地传递给受众。

随着技能培训行业的不断增长，此类题材的海报也越来越受到重视。各类培训都有各自的特点，如何在海报上体现出来，是值得认真研究的。

在制作传统的培训类POP广告海报时，要把文字表述放在第一位，因为培训的内容是此类海报要突出的部分。所选用的文字要正统，字体颜色要醒目。

下面根据培训内容的不同进行比较说明。

制作瑜伽类题材的海报时，要想把瑜伽的意境体现出来，就需要在背景和选取的图案上多加考虑，要符合瑜伽空悠、自得的意境。这时采用竖排版的文字形式可显得古朴、稳重。拼搏、进取是跆拳道的精髓，它不同于瑜伽的清净，追求的是动感十足的身体运动。所以绘制此类POP广告海报时，应尽量使整体画面充满活力。

从上面的介绍中很容易找到这两种风格迥异的POP广告海报的不同点，但同时，设计者应该更能深刻理解每一张POP广告海报与其所表达的内容风格一定要一致，一定要能找到所要表现的事物的根本，做到游刃有余，快而不乱。

（五）节日类手绘POP广告海报

海报的使用期限普遍都比较短，如圣诞节POP广告海报，只有在圣诞节期间才能使用。

创作节日类手绘POP广告海报时，颜色一定要醒目，字体设计也要新颖，这样才能在最短时间内吸引消费者的注意力，才能最大限度地发挥节日类POP广告海报的作用。在创作的时候可以从节日本身的特点入手，如采用针对性的图案和颜色等。

1. 圣诞节题材POP广告海报

圣诞节是西方首个传到我国的节日，在西方人眼里它就像我们的农历新年一样重要。圣诞节寓意着喜庆、吉祥、快乐，这也是圣诞节POP广告海报所要表现的内容和具有的现实意义。圣诞树、雪花、圣诞老人、圣诞鹿车等特定元素的运用也是制作圣诞节海报的关键。另外，还有的小尺寸POP广告海报直接选取一种圣诞元素作为唯一图案，突出重点，一目了然。

2. 情人节题材POP广告海报

情人节也是目前我国流行的节日，在创作此类题材的POP广告海报时，可以多运用一些能表现爱意的颜色或图案。

3. 万圣节题材POP广告海报

万圣节是西方的传统节日，整体节日气氛诡异、夸张。为了营造恐怖气氛，可用红色绘制标题字，并通过设置南瓜表情衬托出诡异的氛围，这样综合起来才能体现海报的整体感觉。

（六）公益类手绘 POP 广告海报

公益类手绘 POP 广告海报大多以宣传公益事业为主，内容积极向上，所以，制作此类手绘 POP 广告海报时内容应尽量正统，颜色素雅，主题清晰明了，有时根据内容多少可以利用纸张拼接做出一些效果。

1. 义务献血题材 POP 广告海报

根据内容和题材性质，可以选择红色作为主色。不一定要把内容表现得很具体，可以稍微含蓄、幽默一些，这样，即使再严肃或枯燥的内容，通过标题也可以吸引人们的注意力，从而起到宣传的作用。

2. 献爱心题材 POP 广告海报

献爱心海报除了告知相关事件，更重要的是一种精神的传递，所以此类海报应尽量利用震撼、感人的设计元素来反映主题。它所体现的内容极为宽泛，在创作时可以根据主题所要表达的含义，充分利用颜色来体现效果。

3. 其他题材公益 POP 广告海报

公益 POP 广告海报要根据不同的表现内容，进行具体设计。内容和主题同样可以运用一些装饰性元素进行烘托。如夸张的人物图案就很能吸引人的注意力。

（七）休闲类手绘 POP 广告海报

休闲类手绘 POP 广告海报的题材范围比较广泛，人们经常接触的场所有洗浴中心、台球社、网吧、棋牌室、麻将社、KTV、茶楼等。制作这类题材的 POP 广告海报，需要在版式上多加创意，可以利用多种颜色的纸张进行拼接来达到效果。另外，标题字的装饰也需要添加一些活泼的元素，如添加一些小的插图或图案等。

休闲类手绘 POP 广告海报是众多海报中最为活泼的一类，也是最能发挥创意的一类，同时也要综合其他类海报的组成元素，在整体感觉上达到所应表现的效果。

1. 酒吧题材 POP 广告海报

此类题材的海报可以选择皮纹纸进行制作，因为皮纹纸表面的暗纹很具有质感，也提升了海报的档次。但皮纹纸颜色普遍都比较深，这就需要把关键点的颜色绘制得鲜艳一些，这种反差效果会使主题表述更加突出。

2. 影院、演唱会题材 POP 广告海报

此类海报不同于印刷海报，可以借助人物进行插图设计，力争神似。

3. SPA 等其他题材 POP 广告海报

此类题材的海报的背景颜色较浅一些才能烘托主题气氛。为避免海报整体看起来沉闷，可以在插图的着色上做些文章。例如，可以把人物插图的头发填充成黄色，这样既体现了人物插图的时尚感，又提高了海报的亮度。

（八）企业管理类手绘 POP 广告海报

企业管理类手绘 POP 广告海报实际上是板报的部分替代。它内容上不像板报那么大而全，但主题明确，画面生动，可将口号性的文字活灵活现地表现出来，便于人们记忆。

第七章
立体形态 POP 广告的制作

第一节　立体形态 POP 广告的分类及造型要素

一、立体形态 POP 广告的分类

在前文 POP 广告的分类中可知，除海报（招贴）、手绘招贴、部分标志（指引）、商品说明和招牌等 POP 广告多以平面形态呈现之外，绝大多数 POP 广告是以立体形态展现的，以下略做分类介绍。

（一）店头 POP 广告

置于店头的 POP 广告有相当一部分是立体的，如立式招牌、室外灯箱或灯箱招牌、电控滚动式海报、站立广告牌、实物大样本、橱窗展示、广告伞、指示性标志等 POP 广告形式。

（二）橱窗式POP广告

橱窗式POP广告包括橱窗内外的商品布置、展示内容和相关的装饰、贴纸、海报等。

（三）灯箱式POP广告

超级市场中的灯箱式POP广告一般较多地布设在陈列架的端侧或壁式陈列架上，主要功能是指定商品的陈列位置。

（四）商品的价目卡、展示卡式POP广告

价目卡即价格标签的POP广告，用于标明商品的名称、价格。字体大小，应以在1～2 m的距离清楚地看到为宜。展示卡式POP广告的主要功能是标明商品的价格、产地、等级等，同时也可以简单说明商品的性能、特点、功能等简要的商品内容。

（五）悬挂式POP广告

悬挂式（又称吊挂式或天花板式）POP广告的主要功能是创造卖场活泼、热烈的销售氛围。它可随微风拂动，营造各种动感，从各个角度，都能直接吸引消

费者的注意力。由于悬挂式POP广告的种类繁多，从众多的悬挂式POP广告中可以分出最典型的两类，即吊旗式和悬挂物式。

（六）包装式POP广告

包装式POP（与商品结合式）广告，是指商品的包装具有促销和宣传企业形象的功能，如附赠品包装、礼品包装、若干小单元的整体包装等POP广告形式。

（七）柜台展示式POP广告

由于广告体与所展示商品的关系不同，柜台展示式POP广告又可分为展示卡和展示架两种。置于柜台上的广告体，是一种小型化的以陈列商品为主要目的的广告形式，一般配合展会使用，为消费者提供近距离接触商品和试用商品的机会。柜台展示式POP广告的主要功能是陈放商品，以陈放商品为目的，而且必须可供陈放大量的商品，在满足了商品陈放的需求后再考虑广告宣传的功能。

（八）地面立式POP广告

从店头到店内地面上放置的地面立式POP广告，具有商品展示与销售的功能，如电子显示屏、电动造型POP广告等。有的商场也将其称为层面POP广告，包括立体陈列、篮子、立竿、架子、大木偶等。

（九）壁面式POP广告

壁面式POP广告是陈列在商场或商店壁面上的POP广告形式。在商场的空间中，除壁面外，活动的隔断、柜台和货架的立面、柱头的表面、门窗的玻璃等都是壁面式POP广告可以陈列的地方。附在墙壁上的POP广告，有海报板、挂旗、告示牌、贴纸、装饰等。壁面式POP广告一般利用墙壁、玻璃门窗、柜台等可应用的立面，粘贴商品海报、招贴、传单等，主要功能是美化壁面、商品告知，重视装饰效果和渲染气氛。壁面式POP广告有平面的和立体的两种形式。平面的壁面式POP广告，实际上就是前文讲述过的平面海报，而立体的壁面式POP广告，则是本节要介绍的内容。由于壁面展示条件的限制，运用于壁面式POP广告的立体造型，主要以半立体的造型为主，半立体造型也就是类似浮雕的造型。

第七章　立体形态POP广告的制作

（十）商品陈列架式 POP 广告

商家利用商品陈列架的有效空隙，在陈列架上设置小巧的 POP 广告。如附在商品陈列架上的展示卡、价目卡等小型 POP 广告等是非常多见的。还包括广告牌、商品宣传册、台卡、商品模型、精致传单、小吉祥物等。它们也可放置在柜台上或商品旁，也可以直接放在稍微大一些的商品上，"强制"顾客接收商品信息，是一种直接推销商品的广告形式。

除上述立体的 POP 广告之外，还有许多其他富有特色的各式各样的个性化的立体形态 POP 广告。如探出式 POP 广告，即以探出的形式安装在货架隔板、通路上的广告；弹簧式 POP 广告，如弹簧式广告牌；促销笼车式 POP 广告，销售关联小商品用的小笼车；动态式 POP 广告；光源式 POP 广告等。各具特色的 POP 广告形式，是我们在 POP 广告设计过程中值得考虑的。

二、立体形态 POP 广告的造型要素

从造型的角度看，立体形态 POP 广告同样包括文字、图形和色彩三大平面广告构成的造型要素。

除了一般平面广告的造型要素外，由于 POP 广告陈列的特殊方式和地点因素，从视觉的角度出发，为了适应商场内顾客的流动视线，POP 广告多以立体的方式出现或以立体的方式展示，所以在平面广告的造型要素基础上，还得增加立体造型要素。

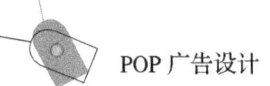

另外，POP广告之所以以立体造型为主，除商场空间的因素外，立体造型与平面造型在本质上的区别，也是其原因之一。立体造型比平面造型具有更强烈的视觉效果，而且立体造型对广告内容的表达层次也更加丰富。而平面造型则只能起到平面要素的表达作用。当然，立体造型并不能起到平面要素的表达作用。POP广告的设计必须有效地利用平面造型和立体造型所发挥的作用，才能真正做到尽善尽美。

POP广告的立体造型，从形态选择的角度看，可分为具象形态的造型和抽象形态的造型两大类。具象形态的造型，可以是与产品有关的附加具象形态的造型，也可以是比喻性具象形态的造型。而抽象形态的造型，则以抽象的几何形态、有机形态、偶然形态等间接与产品内容发生联系，或从材料与材质的关系来产生与产品内容的联系等。

从结构上看POP广告的立体造型与产品的关系时，可分为承物式的立体造型和纯广告体的造型两类。承物式的立体造型又分为以起传达信息为主的一类和以承物为主、以传达信息为次的另一类。纯广告体的造型就是完全以传达商品信息为主，起招揽作用的广告体造型。

第二节　常见的立体形态 POP 广告功能及设计要点

由于立体形态POP广告的类型较多，这里主要介绍几种销售场所最常见的立体形态POP广告的功能与设计要点。如包装式POP广告、柜台展示式POP广告、落地式POP广告、悬挂式POP广告、综合展示式POP系列广告等。

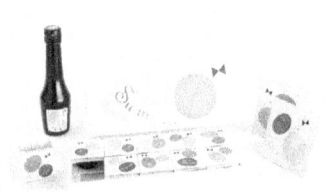

一、包装式 POP 广告

包装式POP广告是一种商品销售包装的广告形式，多陈列于商品销售点，是有效的现场广告手段。商品的包装是具有促销和宣传企业形象功能的，包装式

POP广告就是将包装功能与广告宣传功能结合在一起而构成的一种特殊广告形式，是利用商品包装盒盖或盒身部分进行特定结构设置的一种视觉传达的设计。一般的方法是将其放置于柜台上，将完整的包装打开，通过预先设置的结构形式展示商品和广告内容，用以代替柜台式POP广告的促销形式。

（一）包装式POP广告的应用形态及功能

包装式POP广告的应用形态包括多种具体形式，如顶面展示、侧面展示和两面展示等，或根据展示方式选择不同的基本形态和造型形式。包装式POP广告必须具备包装和展示两方面的功能，一般使用比较坚固的制版材料来制作，以良好的合理的结构设计增强其促销商品的功能。

包装式POP广告对于在陈列柜里展出销售的零售商品来说是一种传统的、必不可少的、安全且廉价的方式。目前，国外包装式POP广告已发展应用到食品、玩具、文体用品、化妆品、医药用品、纺织品、五金产品、家用电器，甚至瓜果、蔬菜等产品。可见，这种广告形式的发展潜力还是很大的。

（二）包装式POP广告的结构形式

包装式POP广告的结构形式，大多采用一板成型的"展开式"折叠纸盒形式，盒盖的外面印有精心构思设计的图文，与盒内盛装的商品相呼应，从而起到在销售现场直接对顾客施加影响的促销作用。

包装式POP广告的结构形式包括锁扣式包装盒、陈列架面板式包装盒、间隔式包装盒、陈列台容器式包装盒等。许多长期从事包装式POP广告设计的设计师都存有多种易于使用的模版，可以帮助自己创造有吸引力且结构巧妙、实用的展示性包装式POP广告，还可以根据商品生产厂家的特定要求进行改变。一个设计良好的包装式POP广告通常都能达到介于完美的售后服务和成本控制的目的。

POP 广告设计

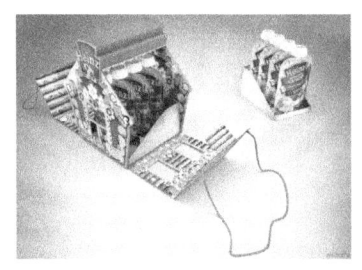

二、柜台展示式 POP 广告

(一) 柜台展示式 POP 广告的功能

柜台展示式 POP 广告可分为小型展示卡、柜台展示架、货柜与货架式 POP 广告三类，它们的功能分别介绍如下。

1. 小型展示卡的功能

小型展示卡，是一种灵活的小型的 POP 广告形式，用于展示商品和宣传商品信息，应用于商品促销的各个方面，一般与商品展示配合使用。

小型展示卡的主要功能以标明商品的价格、产地、等级等为主，同时也可以简单说明商品的性能、特点、功能等简要的商品内容，其文字的数量不宜太多，以简短为好，目的是促进购买行动、推荐相关产品或强调特卖商品。

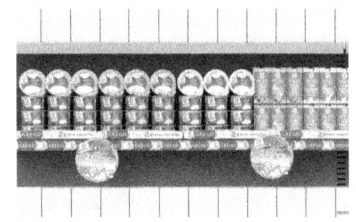

2. 柜台展示架的功能

柜台展示架的主要功能是展示商品样品，与以陈放商品为目的的货架式 POP 广告相比，展示架无须陈放大量商品，一般陈列于柜台上或以专门的商品展示于小柜台的形式出现。它主要是在满足了商品款式、样品的展示陈列功能时，同时考虑广告宣传的功能。

3. 货柜与货架式 POP 广告

货柜与货架式 POP 广告是置于商场地面上的 POP 广告体。其主要功能是陈放商品，与柜台展示架相比，此类广告形式主要以陈放商品为目的，而且必须可供陈放大量的商品，在满足了商品陈放的功能后再考虑广告宣传的功能。由于货柜与货架式 POP 广告的造价一般都比较高，所以用于以一个季度以上为周期的商品陈列，特别适合于一些专业销售商店，如钟表店、音响店、珠宝店等。

（二）柜台展示式 POP 广告设计的内容

可根据一定的目的与要求安排和设计广告内容，其中包括以下几项。

① 以形象品牌为主的图文内容。

② 以象征图形和插画为主的内容。

③ 以商品展示为主并与形象广告相配合的内容。

（三）柜台展示式 POP 广告的设计要点

因货架类型、柜台功用和展示方式的限制，此类广告在设计时必须注意以下要点。

①必须以视觉元素简练、单纯，视觉效果强烈为根本要求。

②必须注意图文和谐，即使展示的平面图形与文字内容能有效结合。

③为了区别于一般意义上的价目卡，设计时应以立体造型为主、价格表示为辅。

④当立体造型能够支撑展示平面或商品时，应充分考虑其与广告内容的有效结合。

⑤小型展示卡的文字内容设计以简短为好，所构思的文字一般三五个字就可以，不宜超过三行。

⑥展示架的设计要能适应于各种材料和工艺制作，造型形态要富有变化。

⑦货柜与货架式 POP 广告的设计，从使用功能出发，还必须考虑与人体工程学有关的问题，如参考人的身高、人站着取物的尺度以及最佳的视线角度等标准。

⑧同一商品的系列设计中，注意其展示卡、展示架、货柜与货架式 POP 广告等整体效果的和谐与统一。

三、落地式 POP 广告

落地式 POP 广告，又称地面立式广告，是一种大型的放置于地面上的广告形式，一般应用于商品的直接促销活动，在大型商场中一般应用于企业商品专卖、广告宣传和商品陈列，或应用于企业展览会和其他促销活动。

第七章　立体形态POP广告的制作

落地式POP广告是置于商场地面上的广告形式。商场外的空地面、商场门口、通往商场的主要街道等都可以作为落地式POP广告所陈列的场地。落地式POP广告是完全以广告宣传为目的并同时满足大量商品陈列的非纯粹的综合广告形式。当然，也有少数落地式POP广告是只以广告宣传为唯一目的的纯粹广告形式。

（一）落地式POP广告的造型形态

落地式POP广告一般常用的是竖向的两个展示面以上的造型形态，并根据展示商品数量和广告具体内容进行合理的设计。根据造型形态确定放置位置及展示面的方向，各级特殊需要也运用组合形态。

落地式POP广告一般将竖向造型形态上下分为三个区域，即底座、中间的商品展示区域和顶端的广告区域，并根据产品特点、陈列数量和形象化的要求合理选择使用的材料和工艺。

（二）落地式POP广告的展式内容

落地式POP广告的展示内容主要包括四个方面：

①以陈列一定数量的销售商品为主，配合相应的形象品牌广告作为辅助。
②以广告内容为主，以陈列销售商品为辅。
③主要以展示某个体商品（或商品的样品）、方便消费者选购为目的。
④主要以企业或商品形象宣传为目的。

（三）落地式POP广告的设计要点

设计落地式POP广告时，应重点关注以下几个方面的要点。

①由于落地式POP广告是放置于地面上的，而在商业中心，地面上又有柜台存在和行人流动，为了让落地式POP广告有效地传达商品信息，而不被其他物件遮挡，所以要求落地式POP广告的体积和高度有一定的规模，高度一般要求要超过人的身高，在180～200 cm的范围。

②落地式 POP 广告由于其体积庞大，为了支撑和具有良好的视觉传达效果，一般都以立体造型呈现。因此在进行立体造型设计时，必须从支撑和视觉传达的角度来考虑，使落地式 POP 广告既稳定又具有广告效应。

③广告内容要包含商品名、注册商标、企业名、广告主、广告语或促销口号、商业角色或吉祥物、辅助图形与辅助色、正文辅文、资料图文、一定数量的商品或某个体商品等。

④要突出商品的品牌和特征，提醒消费者购买已有印象的商品，能够指导消费者进行品牌认购。

⑤要考虑它既可以美化零售商店和商品，又能增加零售点对顾客的吸引力，还能烘托销售气氛，起到良好的促销和导购作用。

⑥信息传达要简洁清晰，便于识别。设计风格力求简单易懂，便于识别，同时还要适合于不同阶层的消费者的品位需求。

四、悬挂式 POP 广告

悬挂式 POP 广告，是对商场或商店上部空间及顶面有效利用的一种 POP 广告类型，是使用最多、效率最高的 POP 广告形式，一般包括悬挂在超市卖场空中的旗帜、气球、包装空盒、装饰物等。

商场作为营业空间，无论是地面还是壁面，都必须对商品的陈列和顾客的流通进行有效的利用，唯独上部空间和顶面是不能为商品陈列和行人流通所利用的，故在商业空间顾客能看见的地方都可有效利用。这样一来，商场的上部空间和顶面就成为悬挂 POP 广告的最好空间。

另外，从展示的方式来看，悬挂式 POP 广告除能对顶面直接利用外，还可以向下部空间做适当的延伸利用，所以说悬挂式 POP 广告是使用最多、效率最高的 POP 广告形式。

（一）悬挂式 POP 广告的功能

悬挂式 POP 广告的种类繁多，从众多的悬挂式 POP 广告中可以分出吊旗式和悬挂物式两种基本类型。

1. 吊旗式的功能

吊旗式是在商场顶部吊的旗帜式的悬挂式 POP 广告。其功能是：以平面的单体形式向上部空间做有规律、有重复的延伸，从而加强广告资讯的传递。

2.悬挂物式的功能

悬挂物式是将立体实物进行悬挂的一种广告形式。相对于吊旗式来说，它是完全立体的悬挂式 POP 广告，其功能是通过立体的造型来营造广告效果，加强产品形象及广告信息的传递。

（二）悬挂式 POP 广告的设计要点

①一般将其放置于企业商品专卖区的上方，或于节日、庆典时使用，对观者具有提示和引导的作用。

②悬挂式 POP 广告的内容一般用于强调企业形象、商品品牌，所以广告语要明朗化，也可配合象征图形和插画一起使用。

③一般应采用两个面以上的造型形态，有利于多方位地展示广告内容和进行信息传播。

五、综合展示式 POP 系列广告

综合展示式 POP 系列广告多以招贴式、包装式、柜台的展示卡和展示架、货架式、落地式、吊旗式、悬挂物式、摇摆式、霓虹式与过道式等多种 POP 广告类

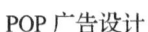

型，通过选择、组合、搭配、协调、融合以及其他的设计和整合，形成一套从造型元素、色彩搭配、设计风格都明显成套化、系列化的店头促销综合展示式POP系列广告。它在完成后往往成为销售商场整个室内环境中不可分割的一部分，也是展示设计或陈列设计的一种重要的、普遍的形式之一。

（一）综合展示式POP系列广告的信息传达原则

POP广告作为超级市场的重要促销手段，必须十分重视其信息传达的准确性、逻辑性和艺术性。

1. 准确性原则

广告是围绕着商品促销进行的，这就要求必须十分准确地把握超级市场这种零售业的特征，即销售日用品、具有便利性；准确地把握商品的特征，即实用、廉价；准确地把握消费者的特征，即顾客类型、收入水平及其对商品售价的反映度。

2. 逻辑性原则

POP广告是以视觉来传达企业的促销意图和商品信息的，因此要逻辑地建立POP广告的视觉形象秩序，杜绝视觉形象的过多和过滥。这就要建立装饰手段与商品之间的秩序关系，做到装饰与渲染有度、井然有序。

3. 艺术性原则

POP广告要达到的效果是促进销售，因此在广告形式和宣传手段上必须"唯实"，而不能"唯美"，即不能不顾实际的广告效果，而片面追求广告形式的纯美的艺术表现。

（二）综合展示式POP系列广告的设计原则和内容

1. 设计原则

容易引人注目，容易阅读，消费者一看就能了解广告所要诉求的重点，具有美感，有创意，有个性，具有统一和协调感。

2.设计内容

一般来说，店头促销具有临时性和随机性的特点，有时隔天就需要更换广告内容，甚至某些营销活动中的打折或赠送礼品等促销手段，在几小时内就需根据销售现场情况做出调整。如果采取数码速印、丝网印制等制作手段来更新广告内容，那么在成本和时间上是不可能做到的。这就决定了店头促销综合式POP系列广告中，必定会有相当比重的带有临时性和随机性的POP广告，会以手绘或数字彩喷等形式出现。随机性广告的内容要用简短、有力的文字来表现，必须能说明促销商品的具体特征及商品对顾客的效用价值；文字用语要符合时代的潮流和满足顾客的需求，要反映商品的使用方法，且应该根据不同的消费层次来决定文字用语。

（三）综合展示式POP系列广告的设计要点

①了解店头促销综合展示式系列广告的背景因素，配合新商品上市活动，并以既定的广告策略为导向。

②了解消费者需求，引发最有创意的POP广告，刺激和引导消费者消费。

③店头促销综合式POP系列广告必须集中视觉效果。

④店头促销综合式POP系列广告最好与电视类、广播类媒体和户外媒体等广告同时进行。

⑤了解超级市场周边消费者的情况，并听取超级市场工作人员的建议或收集他们提供的资料，作为制作POP广告的依据。

⑥要考虑设计的成品广告的高度是否恰当、是否符合人体工程学理论。

⑦要严格依照商品的陈列布局来决定广告成品的大小尺寸。

⑧考虑广告内容是否有必要加上商品的使用方法等辅助性文字内容。

⑨广告传达的信息避免出现不健康的思想内容和过期的广告信息。

⑩明确广告文字中关于商品的内容是否介绍清楚（如品名、价格、期限）。

⑪考虑广告文字的字体是否能让顾客看得清、看得懂，不要出现错别字和其他低级错误。

⑫考虑好店头促销POP广告的使用功能，保持费用预算、制作品质等诸多问题的综合平衡。

⑬准确把握POP广告的时效性，因为POP广告是企业整体营销计划的一个组成部分，其时效性必须与营销计划同步。

⑭在制作和使用店头促销综合式POP系列广告前，要做好细致的设计稿的校对和检查工作。如发现错漏或与销售意愿、计划有冲突的地方，要及时更正，以免因为传达错误的、不准确的或容易引起消费者误解的信息，而使商家和生产厂家等广告主的信誉或商品的品牌形象受损。另外，认真地检查POP广告在销售市场中的使用情况，对发挥其效应会起到很大的作用。

第三节　立体形态POP广告的材料与制作

一、立体形态POP广告材料的分类

立体形态POP广告材料的种类相当广泛，从纸质到塑胶、从木材到金属、从布质到玻璃纤维等无所不用。造型从简单的平面开始，到各种三维空间的立体，再到动态的四维空间结构。立体形态POP广告所使用的材料，最常用的有以下几种。

（一）纸质

纸质成本低廉、易制作、环保，是POP广告制作的首选材料，适合制作短期时效的POP广告。纸是使用时间最长的POP广告材料之一，可由机器大量生产，印刷效果极为良

第七章 立体形态POP广告的制作

好，质轻且成本甚低。POP广告的材料用纸常有模造纸、道林纸、牛皮纸、铜版纸等。在短期的促销活动中，纸是POP广告制作主要的素材。

（二）木材

木材品位高，具亲切感，工艺细、成本高，适合制作长期时效的POP广告。木材是一种古老的POP广告制作材料，它能抗拒存储、运输中所遭遇的外力，防止变形。使用木材制作POP广告，能够产生自然、平和感，但木材价高、质重，用作POP广告材料时，不能高速自动化生产，所以较少使用。

（三）金属

金属的特征是质硬、坚固、耐用、造价高，适合制作长期时效的POP广告，以铝合金为宜，注意某些其他金属会腐蚀。以金属做架构，如铜、铁、钢、铅、铝等的使用较为普遍，硬度高、不透水、有光泽为其特性。由于金属坚固，遭碰撞后不易损坏，为豪华型POP广告扩大附加价值不可或缺的素材。

（四）塑胶

塑胶由于质轻、成本低、无臭、无毒、防水、耐温、透明、成形简单等特征，适合切割、雕刻、成形、组合、加工等多种不同的制作的要求。不易破损为其最大的优点。塑胶是仅次于纸的使用较多的一种材料。

187

（五）布质

布比纸耐用，费用低、易搬运、便于悬挂、易撤换，适合制作中、短期时效的POP广告。布是POP广告最早使用的材料之一，如用布所制作的旗帜、布帘等，它们是展开POP广告活动的主要标志之一。因为其成本比其他大多数素材低，且易于染色，不易破损，运搬方便，再加上布的印刷加工方法的进步，几乎能达到尽善尽美的印刷效果。选择布质及印刷方法，需依据使用目的、成本以及交货日期等条件而定。

（六）玻璃纤维

玻璃纤维质轻，坚硬，易塑形，透光性好，不易碎。

（七）其他新型材料

其他新型材料包括PVP、荧光即时贴塑纸、LED电子发光材料等日益出现的多类新型材料。

二、立体形态POP广告的常规制作原理

（一）相框式立体原理

相框式立体原理，是制作立体形态POP广告常用的方法之一。它是利用一张平面的纸，经由折叠、分割、弯曲、粘贴等技法，转化成展示性立体的形态，形成多角度的立体空间效果。制作相框式立体形态POP广告构架，为了使其能够竖立平稳，宜选用较厚并且较有韧性的纸材。

（二）对扣复合原理

对扣复合原理，简单地说就是不用粘贴，而是利用纸的特性经由折叠、扣合，使平面的纸站立起来，从而达到立体化的目的。为便于折叠、扣合，用纸不宜太厚。

（三）蛇腹原理

蛇腹原理是完成纸的立体形态的最简单的方法之一。给一张平面的纸，经过几次最简单的折叠，便能使其站立起来，如果再给其一定的形态，便是一副成功的立体形态POP广告构架。层次多、变化丰富是蛇腹原理的特点。利用蛇腹原理

制作出的立体形态 POP 广告构架，能够扩展展示物品的空间，丰富广告的立体化形态。由此种原理制作的立体构架的用纸要平整坚挺，纸张不宜太薄，因为太薄的纸张会影响成型。相反，过厚的纸张不宜折叠，并且容易折断，从而影响使用寿命。

（四）矩阵原理

利用矩阵原理制作出的 POP 广告立体形态完美，视觉效果更丰富。但是，在实际制作的时候较为复杂，需要注意相互平行的谷线间距离的截取。由于矩阵原理的流程比较繁杂，刻画、折叠的次数较多，所以用纸不宜太厚，并且要有弹性。

三、立体形态 POP 广告构架的常规制作方法

（一）展示式 POP 广告构架的制作方法

1. 展示卡结构的制作

展示式 POP 广告中的展示卡通常情况下是置于商品上的，它的作用类似于贴纸 POP 广告，因此有时不需要立体形态的变化。但是，它的形式、样式要灵巧、活泼、多变。此类广告形式一般用于标牌式 POP 广告等。

2. 柜台式 POP 广告构架的制作方法

展示式 POP 广告中的柜台式 POP 广告一般以陈列商品为主。一般来说，柜台式 POP 广告较多采用透空式形态和开放式形态，有利于充分地展示商品，对于各种材料和制作工艺，宜根据实际需要适当选择。

（二）悬挂式 POP 广告构架的制作方法

悬挂式 POP 广告的垂吊方法比较简单，只靠一根或几根绳索吊起来即可，所以设计者在设计制作时可以根据商品陈列的环境充分发挥艺术想象力。悬挂式 POP 广告的立体形态要考虑展示角度和组合形式，成串的组合能产生较强的节奏感与韵律感，制作时个体形态不宜过大，选用纸张可根据广告尺寸的大小、样式确定色彩和厚度。

（三）瓶颈式 POP 广告构架的制作方法

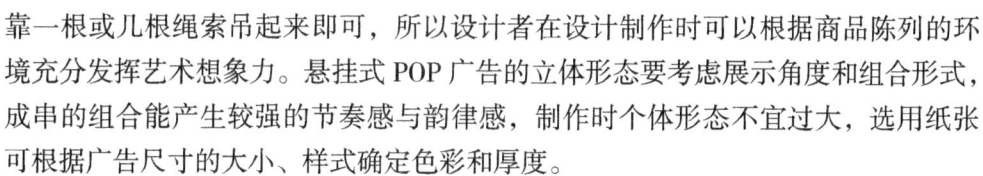

顾名思义，瓶颈式 POP 广告是套装在瓶装类商品上的广告形式。它既可以套装在商品的瓶颈上，也可以套装在瓶裙位置，其样式的设计要根据商品的瓶形和

POP 广告设计

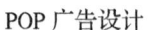

商标的设计形式而定。一般情况下不要把商品上的商标遮盖住，既要突出商品的品牌，又要达到招揽顾客的目的。此类 POP 广告构架的用纸，可用弹性较好的卡纸，不宜用太厚的纸张。

（四）陈列展示架的制作方法

陈列展示架的制作在于利用一张平面的纸，经过剪切、分割、折合等技法与多种不同的粘贴方式，转化成陈列立体形态的展示架。陈列展示架具有多角度的立体空间效果，制作时为使展示架能够竖立平稳，宜选用较厚且有韧性的纸材，如常用的厚卡纸、普通卡纸、相片纸等。

参考文献

[1] 侯宇琦，傅霄霄，任斯立. 浅析 POP 广告在"坭兴陶文化"推广中的应用价值 [J]. 产业与科技论坛，2019，18（23）：92-93.

[2] 陈思君. 论 POP 广告对旅游城镇品牌形象塑造的重要性 [J]. 大众文艺，2018（7）：249-250.

[3] 王晓平. POP 广告设计的视觉表现分析 [J]. 艺术科技，2018，31（4）：120.

[4] 鲁曼. 鲁曼作品：POP 广告设计 [J]. 美与时代（城市版），2017（2）：128.

[5] 李筠. POP 广告设计中的版式构成特点 [J]. 艺术科技，2017，30（1）：313.

[6] 闫承恂. 浅析 POP 和 DM 广告的媒介特质及创意原则 [J]. 美术大观，2016（9）：119.

[7] 张宇. POP 广告对企业文化和购物环境的影响 [J]. 中国民族博览，2016（3）：221-222.

[8] 张雅莉. POP 广告设计发展趋势及其传播方式创新研究 [J]. 科技与创新，2015（23）：9-10.

[9] 何晓燕. POP 广告设计在包装商业空间中的作用分析 [J]. 中国包装工业，2015（22）：49.

[10] 李秀媛. 浅析 POP 广告设计中的趣味性 [J]. 美与时代，2015（11）：66-67.

[11] 黄立成. POP 广告设计的视觉表现分析 [J]. 轻工科技，2015，31（8）：125-126.

[12] 李平. 浅析 POP 广告在商品营销中的功能性 [J]. 艺术教育，2015（8）：79.

[13] 樊佩奕. 浅谈手绘 POP 广告中字体设计的特点 [J]. 亚太教育，2015（20）：125.

[14] 沈璇. POP 设计中卡通形象的应用研究 [J]. 现代装饰（理论），2015（4）：180.

[15] 樊佩奕. POP 广告设计中的版式构成特点研究 [J]. 艺术科技，2015，28（3）：166.

[16] 赵璐. 包装 POP 广告创新性设计探研 [J]. 包装世界，2014（4）：110-111.

[17] 吕慧子. POP 广告的材料分析 [J]. 中国包装工业，2014（10）：19.

[18] 宋华.浅析POP广告设计的字体设计[J].大众文艺,2013(20):91.

[19] 孟艺,张兴华.试论POP广告设计的视觉表现[J].吉林广播电视大学学报,2013(7):131-132.

[20] 负欣.论在POP设计中卡通形象的应用[J].科学之友,2013(5):128-129.

[21] 肖洒.现代广告设计表现的探讨[J].大众文艺,2013(2):117.

[22] 张建平.POP广告的设计要点及其卖场促销功能研究[J].包装工程,2012,33(22):121-124.

[23] 何冬平.浅谈现代POP广告的策划[J].海南广播电视大学学报,2011,12(2):29-35.

[24] 王青剑,吴兵娥.POP广告设计的实验性探索[J].包装工程,2011,32(10):106-109.

[25] 周胜.浅析POP广告的图形创意[J].大众文艺,2011(7):85.

[26] 宋华.析手绘POP广告设计的图形[J].电影评介,2010(22):85-86.

[27] 田倩.浅析POP广告设计对企业形象的影响[J].大众文艺,2010(18):54.

[28] 黄菁.浅析POP海报版式编排[J].安徽文学,2010(6):100.

[29] 李芳凝.新形势下手绘POP广告发展前景的展望与建议[J].中国商界,2010(6):330.

[30] 贾洁.POP广告设计对消费心理的影响[J].黑龙江史志,2009(23):164.

[31] 张雅妮,全鹏.浅谈广告设计中的POP广告[J].科技资讯,2009(28):220.

[32] 邹冬芳.当前POP广告在专卖店中的若干设计问题[J].湖南科技学院学报,2009,30(10):234-236.

[33] 黄益民.浅谈POP广告设计及立体构成的应用[J].天津市工会管理干部学院学报,2009,17(3):43-45.

[34] 李红霞.POP广告的创意与设计要素构成[J].河北理工大学学报(社会科学版),2009,9(5):70-72.

[35] 李旭.浅析POP广告设计中功能与形式的关系[J].新西部,2009(8):153.

[36] 李婧.超市POP广告设计的有效性探索[J].中外企业家,2009(16):179.

[37] 江振柏.POP广告在图书馆宣传中的作用[J].贵图学刊,2007(3):7-8.

[38] 贾天实.浅谈影响广告创意定位的因素[J].辽宁师专学报(社会科学版),2007(2):39-40.

[39] 安丽杰.刍议POP广告设计[J].辽宁师专学报(社会科学版),2003(4):44-45.

[40] 潜铁宇,熊兴福.析POP广告设计[J].包装工程,2003(4):81-82.